◆ 青少年感恩心语丛书 ◆

悦人方能悦己

◎战晓书　编

吉林人民出版社

图书在版编目(CIP)数据

悦人方能悦己 / 战晓书编 . -- 长春：吉林人民出
版社, 2012.7

(青少年感恩心语丛书)

ISBN 978-7-206-09122-3

Ⅰ.①悦… Ⅱ.①战… Ⅲ.①品德教育 – 中国 – 青年
读物②品德教育 – 中国 – 少年读物 Ⅳ.①D432.62

中国版本图书馆CIP数据核字(2012)第150856号

悦人方能悦己
YUE REN FANG NENG YUE JI

编　　者:战晓书
责任编辑:王　磊　　　　　　　封面设计:七　洱
吉林人民出版社出版 发行(长春市人民大街7548号　邮政编码:130022)
印　　刷:北京市一鑫印务有限公司
开　　本:670mm×950mm　　1/16
印　　张:12.625　　　　　　字　　数:200千字
标准书号:ISBN 978-7-206-09122-3
版　　次:2012年7月第1版　　印　　次:2023年6月第3次印刷
定　　价:45.00元
如发现印装质量问题,影响阅读,请与出版社联系调换。

目 录
CONTENTS

目录

CONTENTS

目 录
CONTENTS

目 录
CONTENTS

友　善

友善就像和风细雨般的抚慰，谁也缺少不了，但它的力量是悄悄地生长着的，不会引入注目，不至让人惊动，而是体现出一种"润物细无声"般的细致与柔和。

友善首先是一种关切和爱护。尊重和帮助弱者，提携晚辈与后学者，这种友善令人感念；即便别人超过自己，也不嫉妒不设置障碍，相反还会为其成才铺路，为路上又多了一个同道者而感到欣慰，这种友善必是出自那些有才华而又有宽阔胸襟的人……

友善表现出一种真诚的尊重。尊重有身份的人，但自己并不显得卑微；尊重平民和普通人，而从不以贫富贵贱沦高低；尊重对手的观点，尊重批评自己的人，不因一次学理性的争论而将对方视为"私敌"。

友善中可见理解和体谅。对于过去的恩恩怨怨，友善的人不会抓住不放，即使别人做了对不起自己的事，也不会想着有朝一日去报复，而一旦别人表示悔悟的时候，倒反过来去宽别人的心。着眼于现在和未来，努力同他人建立一种良好的关系，不仅有着仁慈的心肠，还有着宽广的胸怀，这是友善者最常做的。

友善中包含着同情。对不幸从不冷眼相对，而是表示怜悯和关注，并给予力所能及的协助。友善不是一味的无原则地颂扬，一旦别人有了缺点，当会善意地指出来，希望那些缺点能够早日被克服。对工作或生活不如自己的人从不用讥刺的态度，正如美国政治家兼作家富兰克林说的："说起任何人都不可用轻蔑的态度，无论他是国王还是奴隶。只有最毒的蜂才会用刺。"总是给人难堪的人，总是嘲弄和贬低别人的，是不会得到朋友的，而友善的人却从不缺少朋友和知己……

友善有改变人的力量。友善就像春风化雨，它丝丝渗进人的心里，使弱者感到力量，使悲哀者感到振奋，使有缺点的人自觉地向往着进步。在一种和谐与温暖的氛围中，友善者与他人握手漫谈，态度真诚而庄重，声音轻柔，话语中透着人性的关怀和体贴。

友善就像一朵温馨的花，美而招人，香可醉人。当世界上到处开满友善的花朵时，世界就会变得更可亲可爱，就更容易使人得到幸福和快乐。

（胡　平）

花　语

　　我居住在城郊，且有一小块空闲的土地，每年种些花卉。然而，花圃旁的那条小路，一到雨天尽是泥淖，于是，行人就从花圃里经过。践踏了一些花卉。我常常因这件事而痛惜不已。

　　一个周末的下午，妻子从单位的锅炉房挑了十几担炉渣，铺填花圃旁的那条小路，神秘兮兮地对我说："以后你的花圃就会安然无恙了。"

　　我不解地问道："你铺路与我的花圃有什么干系？"

　　妻子回答说："雨天小路泥泞，行人不得已才从花圃里经过，伤害了你的花卉。"

　　我不禁惊叹于妻子的精明和细微；行人是为了避免自己摔跟头，或陷入泥淖，才从花圃中经过；如果花圃旁的小路，雨天也便于通行，行人肯定不会去践踏我的花卉。

　　人与人之间的交往，有的时候又何尝不就是这样呢？有的人伤害对方，完全是出于一种自我保护意识，而且这种意识人皆有之，为了避免自己受到伤害，又无路可走，才出此下策。每个人的心，都是一个花圃，每个人的人生之旅，好比花圃旁的小路，而生活的天空，不尽是风和日丽，也多雨雪，如果人生之旅，"雨雪"天也便于通行，谁愿去践踏别人的花圃？谁愿去伤害别人的心？

　　我想，每个人在与别人相处的时候，都先想到别人，后想到自己；每个人在希望从别人那里得到爱护之前，先付出一份友好，那么，这个世界将会变得温馨祥和，减少许多遗憾和悲剧。关照别人，也就是关照自己。

"我只有两块钱"

从列车员把我赶下火车的那一刻起，我的心里便抑制不住为自己几天前的"激情"决定后悔。

出现在我眼前的是昏黄路灯下影姿婆婆的站台。尽管站台上人来人往，但他们对于我来说是那么陌生。一阵冷风吹来，我禁不住打了个寒战，心里突然对家人强烈地思念起来。随着人流，我出了站台，接下来该到哪里去呢？呆立于出站口外，我不知所措。如果几天前，我没有冲动地选择离家出走，现在一定温暖地享受着父母无微不至的呵护，可是为了实现所谓的文学梦，我豪言壮语地给父母留下一封信后，便背上一大摞书稿出了门，说是要找识货的出版社。如今，我不仅没有找到出版社，且连身上所带的钱也几乎花去一空，连回家的路费也凑不齐。看着茫茫夜色，我无法克制住伤心。

"先生，你要住店吗？"

正心境迷惘时，一声甜美的嗓音钻进了我的耳朵里。循声望去，我的眼前站着一个和我年龄相差无几的女孩，睁着一双明亮的大眼睛溢满期待地看着我。望着那女孩，我没有说话，我不知该说什么才好，身心疲惫的我当然希望此时能有休息的地方，可是现在，我哪还有钱住店。

"先生，你要住店吗？"

听过女孩的又一次问话后，从被赶下火车时起就一直强忍着的泪水倏地冲出了密密的黑栅栏。我在这个陌生的女孩面前哭了起来。看我哭了，那女孩一下子慌了，急忙问道：

"你怎么啦？你怎么啦？"

我忍不住流着泪把自己的处境告诉了她。这个时候，心境愁苦的我很想有一个倾诉的对象。听过我的一番倾诉后，女孩垂下了眼帘。片刻后，她又用明亮的大眼睛看着我说：

"我只有两块钱！"

女孩说着便把两张有些残破的一块钱递到了我的面前。我犹豫着，最终还是伸手接过了她手中的两块钱。这时，旁边围观的人也纷纷向我伸出了援助之手，一块、五毛……我再一次流泪了。

在好心人的帮助下，我买了一张开往家乡的火车票。这一年是1990年，我15岁。

回到家后，爸爸妈妈并没有责怪我，只是嘱咐我要踏踏实实地走好每一步。我没有辜负父母的期望，7年后我被免试录入了一所重点师范大学。这之后，我的大量作品也开始在全国各地的报刊上竞相亮相。而当我每每遇到需要帮助的人时，我总是毫不犹豫地伸出手去扶他一把。朋友们都说我心太软，这样很容易上当受骗。我不知道这算不算心软，只是忍不住在那些需要帮助的人面前回想起自己15岁那年那一幕，忍不住回想起说出那句"我只有两块钱"的至今我尚不知其姓名的女孩。通过帮助别人，我也领悟到了，在帮助别人的同时，其实你也帮助了自己。

（汪 洋）

"英雄"乞丐

1997年夏天，我和几位同学去武汉东湖玩。景致自然很美，可就是有几个乞丐煞了风景。

我们累了，便在林间休息。这时，来了一个乞丐向我们要钱。我这人挺老实，就掏出一枚一块钱的硬币给了他。他连连道了几声"谢谢"，还鞠了躬。随后，他又到旁边几个打扑克的年轻人那里去讨，其中一个推了他一下，教训他："你没瞎没跛讨什么钱，你不会捡垃圾去卖呀！"我听了也觉得有道理，后悔刚才给了他钱。

正聊得带劲，我们听到不远处传来救命声，跑过去一看，一个小孩儿落水了。他的妈妈在船上边喊边哭，肯定是吓坏了，船却越折腾越远。我和几位同学干着急，我们那点儿"狗刨"实在不敢下水。那几个年轻人却在商量怎样与孩子母亲谈价钱："是让她出五百，还是出一千？"时间一秒一秒过去，每一秒都是那样珍贵。还没等他们喊出口，就听见"扑通"一声有人跳了下去。他游得有点儿吃力，但还是把小孩儿抱住了，又游向那条船，把小孩儿托了上去。孩子终于得救了。当船划到岸边时，我们才发现救人英雄是那个乞丐。

　　"英雄"乞丐没有理会那个妇女的道谢和旁人的议论，只顾喘着粗气，他大概是累坏了。过了几分钟，他爬起来，捡起碗，蹒跚着走开了。

　　那一刻，我百感交集。我想那个乞丐肯定有别人想象不到的困难，他做乞丐是迫不得已。四年很快过去了，我经常想起那个乞丐，想起他向我道谢时的微笑，想起他救人离去时的背影，那是一种怎样的真诚，那是一种怎样的从容。其实他可以不去冒险救人，因为他只是一个乞丐，他的身份是被我们这些"高贵的人"瞧不起的。于是，我懂了：英雄没有贵贱之分，好人没有贫富之分。也只有怀着一颗善良的心，只有伸张一种正义，我们才称得上"人"，称得上"好人"。而这个世界也因有这么多好人的存在而美丽，我们的生命也因去做好人而无比高尚！

（杨向明）

尊重别人

　　女儿生病去医院挂盐水，在儿科病房，邻床一位小男孩，穿着一双十分显眼的名牌运动鞋。我想，这是医院的床，不是专给某一个人准备的，你走了，别人要来。

　　小男孩的母亲就在旁边。当我指出不应该这样的时候，做母亲的依然无动于衷，明摆着是嫌我多事，嫌我不知道她儿子脚上那双鞋的价值。名牌服饰常常可以提高人的自信和档次，穷人的孩子是穿不起名牌的。现在的小男孩都以能穿上一双名牌运动鞋为荣，从我女儿那里，我知道如今有钱的小孩，最多的竟然可以同时拥有多双价值不菲的名牌运动鞋。

　　我想让小孩子失去了平常心，养成了坏习惯，却是大事。名牌服饰弄不好就会扭曲心灵。也许小孩子会想：我一双鞋，比医院的一张床都值钱，让我脱鞋显然不合适。我想起另一个大家熟悉的场景，无论在火车车厢，还是在其他公共场所，有人很轻易地会把鞋脱了，自己不觉臭，脚丫子跷多高，臭气熏天糟蹋别人。不管哪个阶层的同志，都这么做。人是平等的，做人不应该看不起谁，然而好歹也别让别人看不起。

在公共场所脱不脱鞋，直截了当地表现了对别人是否尊重。尊重不尊重别人，可以异化成为一种世故，很多不文明的行为，都建立在自以为是的基础之上。尊重别人本来应该是一个最起码的法则。不尊重别人，说穿了，也是不尊重自己。什么事，都应该从小孩子开始抓起，很多坏习惯养成了，不仅恶习难改，而且会言传身教，影响下一代，一代影响一代，其患无穷。

（叶兆言）

仅仅是一句简单的问候

那段日子，他心情很不好，因为自己和妻子先后下岗了。

但他没放弃始终坚持的晨练，每天早晨都到附近大学的运动场锻炼一会儿。在运动场上他碰到了一位穿着很体面的老人，手里拿一个小半导体，慢慢地踱着步子，悠然中透出一丝孤傲。

连着几个早上，他仔细地观察了老人，发现他总爱往人多的地方去，但没人跟他打招呼，于是他那保养得很好的脸上就很明显地露出了失望的神态。

"一个孤独的老者。"他这样在心里下着断言。

那天，他看到老人走到几个打太极拳的跟前，想搭讪几句，最终却欲言又止。他便心生同情，主动上前，问了声："你好！散步啊?"

老人的脸上立刻绽开了笑容，忙不迭地回答："是啊是啊，小伙子你也来锻炼呢。"接着，老人像怕错过什么似的，打开话匣子，熟人般地跟他倾诉起来。他耐心地听着，直到他说该走了，老人才不好意思地说："明天接着聊啊！"

看着老人欢天喜地的样子，他抑郁的心中似乎也拂过一缕清爽的风。

第二天，他再去的时候，老人早已在那等他了，自然他又很认真地听老人倾诉了对人生和社会的诸多散乱的看法。当他不经意地说出自己和妻子都已下岗、正为找工作发愁时，老人很轻松地说："小伙子，别着急，我帮你找份好工作。"

他道了声"谢谢"，但没指望老人帮忙，因为现在到处都是下岗的人，找份差点儿的工作都不容易，何谈好工作。

没想到，他刚到家不一会儿，本市最有名的资产数亿元的民营企业——某集团的刘总裁便打来电话，说要给他安排一份工作。

他半信半疑地去了，那位总裁热情地接见了他，让他任选一项自己喜欢的工作，每月底薪1000元。

他很纳闷这样的好事怎么会降临到自己的头上，刘总裁便笑着说："我家老爷子说，一定要好好感谢你，是你让他这几天心情特别舒畅……"

"可我……"他想说自己其实并没为老人做什么，只不过是主动跟他打了招呼，听他倾诉了几次而已。

最终他还是留在了刘总裁手下，不久因工作出色，加了薪，升了职。

事情就这么简单：有时一句极其普通的但充满关切的问候，也会为自己的生活打开一扇似乎不可能开的大门……

（叶兆言）

自己，慢慢地走出艰难

　　在这个世界上，让人坚强成熟起来的机会其实很多，在那一段忙碌、沉重，有着泪水、有着汗水，还有某种挣扎感觉的日子轻轻地飘过之后，静静地坐在这儿细细追忆，才发觉人生譬若走路，慢慢地走，命运会给你的努力做一个较为公正的评价，给你的未来一个必然的安排。

　　1997年，是我将走出校园溶入社会的特殊年头，它改变了我的一生。我以前的日子曾经是多么的阳光灿烂，突然间却阴云密布，最初是分分合合二十多年的父母彻底决裂，然后是工作的毫无着落，加上与初恋的男友因性格不和而分手，一切仿佛在一夜之间把曾经过着舒心快乐生活的我变得压抑、孤独、烦躁。我开始学着在黑夜里流泪，在同学面前收敛着自信保持着沉默，面对多年来的多种荣誉证书却看不到希望……

　　那是四月的一天，瘦弱的母亲远远地从家住的那个小镇赶到省城我所在的学校。看到她时，她正提着一大包家乡很贵的土特产站在学校宣传栏旁边的大槐树下，疲惫使母亲脸上的皱纹更深了。见到我，母亲只淡淡地说：惠儿，我有一个表亲在长沙某机关管人事工作，我来找找她，也许有希望。我无语，第二天，我拘谨地陪着母亲来到了表亲的家中。那时，我心中怀着的是怎样的一种天真而纯洁的崇敬和希望啊！在土特产引起的一阵客套之后，母亲说明了来意。她，一个很胖的中年妇女，听了之后，作了一个长达近一个小时的拒绝说明。我坐在旁边，不懂客套，更不会矫揉造作，只是听着表亲拒绝之后干瘪的语言。母亲轻声应答着她，在这一说一答的尴尬后面我看到的是母亲的无奈、受伤的心。就在突然之间，我才发觉曾多次被人在小说中描绘过的残酷现实活生生地就摆在我的面前。走出她家的门，我不由自主地拥着比我还矮弱的母亲，母亲依着我，什么话也没说，但我看得出自尊的母亲也同样被现实伤害得很深。我拍拍母亲的肩，只说了一句："妈妈，以后什么事，都让我自己慢慢来吧！"母亲惊讶地看着我，回了一句："你也应该懂事了！"

离校的日子愈来愈近，我整天拿着那厚厚的一叠资料穿梭于各种人才交流会场，经过很多次不成功的面试之后，初涉世事的羞怯和文静已经荡然无存，很多时候我竟然可以大方而周全地应付各种面试。我尝试着喜悦的同时又感到一股寒彻心扉的悲哀：绝大部分招聘性质的企业都不解决户口问题，而解决户口的又是那些效益较差的企业，人才交流会几乎没有应届毕业生的立足之地！多少日子的忙碌奔波之后，我才发觉自己原来还站在原地，一无所获。得到的也许还有一点什么，那便是怎样让自己认识别人的同时让别人认识你，知道在给别人多一些自尊的同时你就必须少一些自尊。现实给你残酷，那么你就得给现实一点天真，这样你就学会了成长。我经常在委屈的泪水中对自己这样说。

我就这样在一天又一天毫无头绪的奔波中焦急而又默默期待着命运的转机。然而，每天晚上千里之外的双亲打电话时，我也慢慢地学会去安慰他们，一天的疲惫和心底那淡淡的绝望往往只会被积压在心底那不为人知的地方。而父母亲便经常在我淡淡的一句"您放心，我学会了在商场选购既不很贵又很体面的东西"中哽咽很久。是啊，现实已逼迫着我在短短的时间内接受这个社会，还要用并不现实的思想在这现实的社会中为自己去找到一个位置，这对曾不谙世事的我并不是一个非常简单的问题。多少次在别人面前用千篇一律的话来推销自己，又多少次委婉拒绝别人并不真心的挽留而饿着肚子去挤返校的公共汽车，多少次在灯火辉煌的长沙街头，在别人一家家的欢声笑语中孤单地赶路……

命运让我绕了一个大圈之后，通过父亲的介绍，我认识了父亲的好友，一位德高望重的记者。这一次，我没有太多地客套，因为我在这位老人的脸上看到了久违的慈祥的笑容，没有做作，只有怜爱和理解，使我温暖，又让我无措。我静静地望着他，把自己曾取得的成绩和发表的作品递了上去，他的欣喜使我看到了希望，而这希望对当时的我来说并不是很强烈。我并不是有意去指责什么，做为一个社会人，人人有苦衷，也许每个人心底都是真诚善良、乐于助人的，有时是身不由己，有时是无能为力，所以只好拒绝。"我会帮你的，因为你是一个努力的女孩！"他很肯定地对我说。我没有欢喜，只是淡淡的一句："无论怎样，你能这么对我说，我已经很感谢了！"泪水溢满了双眼。多少委屈多少无奈在这一刻毫无遮挡地流露出来。老人拍着我的肩说："孩子，人的一生要发生多少事谁也说不清，作为一个女孩子，你的坚强、独立和埋藏在心底里的那份自信都是你的财富，抓住青春，慢慢地努力地去追求，命运会给你一个答复，永远要相信这一点！"

这位我尊敬的老人将改变我的一生！我坚信这一点，也庆幸这一点，因为是我自己的努力和坚持使我抓住了这次人生的转机！

也许，挫败不幸对年轻的我来说应该是一份珍贵的礼物，在上班以来的这些日子，我更感觉到那段日子其实已经让我走进了社会，正是它使我较为顺利而沉着地处理好了同事之间的关系，工作上也随之得心应手。仔细想想，许多的东西也许曾在单纯幼稚的我的眼中是极为世俗的，但现在较为客观地看来，才发觉，做人与处世也应该遵循人性的规律，要知道技巧，只有这样才能善待别人，也才能善待自己，其实这不是世俗，这只是一个现实！

（陈江惠）

赞扬的益处

那是我在纽约一家生意繁忙的餐馆做女招待的第一天。当这让人筋疲力竭的一天快要结束时，我的帽子歪了，围裙污迹斑斑，双腿疼痛难忍。我感到手中盛满食物的托盘越来越重，真是又疲惫又沮丧，似乎什么事情都没办法干好。我为有好几个孩子的一家人开好一份复杂的账单后（因为这些孩子在要冰淇淋时换过多次），便准备辞职不干了。

这时，孩子们的父亲微笑着把小费交给我："你干得很好！"他对我说，"你对我们的照顾真是好极了。"

听了这话，我的倦意顿时全消，并对他们也报以微笑。后来，经理问我第一天感觉怎样时，我说："好极了！"那两句赞扬的话改变了一切。

对人的精神来说，赞扬就像阳光，没有它我们就不能发育成长。但是，大多数人动不动就对他人刮起批评的寒风，而不知为什么，却不愿将表扬的和煦阳光带给我们的同伴。

只要一句话就能给人带来这样的欢乐，为什么我们却不愿这么做呢？我有一位四处旅行的朋友，总是努力学一点她将要拜访的国家的语言，尽管她并不是什么语言学家，但知道怎样用多种语言说一个词——"美极了"。她会对一个抱着婴儿的母亲或者对一个从身上掏出全家照的寂寞的推销员用上这个词。这种本领使她在全世界赢得许多朋友。

奇怪的是我们对赞扬总是那么小心翼翼。这也许是因为很少有人知道如何从容地接受赞扬。相反，我们往往还会不知所措，对于我们原本十分乐意听到的话却耸耸肩以显示不屑理睬。正是由于这种防御性的反应，给人以直接的赞扬就变得很困难了。从而使得一些最宝贵的赞许之词往往是在信中或通过朋友间接地传达给我们，原因也就在这里。当想到那些充满恶意的言辞的迅速传达，我们会觉得，没能作出更大的努力来传递令人愉快、使人高兴的赞美之词似乎大遗憾了。

对那些通常不为人们注意或提及的努力加以赞扬更是有益的。艺术家因画出一幅动人的画而受人赞美，厨师因烧出一顿美食而受到称赞，但是你的衬衫被洗得干干净净，烫得平平整整时，你是否告诉过洗衣店经理你是多么高兴？你可曾为你的报童365天都按时送报上门而赞扬过他？

那些从事例行工作的人们尤其懂得赞扬的意义，如汽车加油站的服务员、女侍者，甚至家庭主妇。当你走进一间房屋时，你可曾说过："多么整洁的房子啊！"几乎没有人会这么说。家务活之所以被人看作是沉闷乏味的苦差事，原因就在于此。人们经常对一些较为容易而又让人满意的工作，如插花，大加赞扬，但对像擦地板之类的苦而脏的工作却无人理睬。莎士比亚说过："对我们的赞扬就是给我们的报酬。"既然在很多情况下赞扬是家庭主妇得到的唯一报酬，那么，在所有的人中，她们应得到自己的一份赞扬，也是理所当然的。

母亲们本能地知道，对孩子们来说，一句赞扬抵得住十句责备。但在运用这一规律时，我们并非总是那么敏锐。有一天，我因孩子们吵闹而批评了他们："你们就永远不能安静一点玩吗？"我大声说道。苏珊委屈地看着我："当然能"，她说，"可当我们安静地玩时你却不注意我们。"

对赞扬的价值，老师们的看法是一致的。有一位老师写道，如果老师不用挑剔的墨水将学生的作文一棍子打死，而是从中找出一至两处比上一次有所提高的地方加以表扬，将会得到更好的效果。"我相信，当学生交上一篇超过他平时水平的作文时，他自己是知道的。"这位老师说道，"所以，他会如饥似渴地等待着老师在空白处写上简短的赞扬的评语，以表明老师也意识到了他的进步。"

行为科学家已做过无数次实验，证明任何人都会重复一个将立即产生愉快结果的动作。在一次这样的实验中，若干学生被分成三组，连续五天对他们进行测验。第一组自始至终都因上次测验的成绩而受到表扬；另一组则受到批评；第三组无人问津。

毫不令人意外的是，那些受表扬者进步显著；受批评者也有所进步，但不明显；而那些无人问津的学生，其分数几乎没什么提高。有趣的是，最聪明的孩子从批评中得到的帮助跟从表扬中得到的帮助一样多，而能力低下的孩子对批评反应很糟，他们最需要表扬。但是，后者恰恰是在大多数学校中得不到赞扬鼓励的孩子。给人赞美只需要给予者片刻的思考和努力——也许是很快地打个电话传递一句赞美的话，也许是花五分钟写一封感谢的信，投入的时间和精力实在很少，但请考虑一下它的效果吧——马克·吐温说过："凭一句赞扬的话我就可以活上两个月。"

因此，让我们随时留意周围小小的优点并加以赞扬吧——这将不仅给别人的生活带来欢乐，而且还会给我们自己带来更多的乐趣。

（杨安华）

为他人着想

　　夜深了邻居已入睡，此刻你就不要狂歌劲舞。现代民宅建筑还隔不断那冲击的声浪。影响别人休息或孩子学习，也就影响了邻里和睦。为他人着想，其实也关系到你在他人心目中的品德与形象。

　　早晨的公交车最拥挤，车厢内的人就不要保留更多宽松，应让出一些空间给寒风中的等车人。考虑他人，设身处地的思考，共同的速度就会得到保证。虽然最后一个挤上车的人，没法知道是谁为他让出了站脚之地，但他会感受到我们这个社会的文明。

　　生活不欢迎放任无忌。为他人着想随处可见，正如空气的流动，活跃在生活的每个角落，并从人的体外到头脑激活着我们的肌肤与思想。丈夫考虑妻子，搭一把手分揽她的一些家务，爱便会浓缩甜美；儿女考虑父母，多一点自立，多一些进取，孝道便会提升高度。领导多考虑一些员工，体谅员工的辛劳，监督则会变成自觉，大家都少了烦躁，团结就会变成企业的财富；富裕考虑贫困，救助便着色一幅美景；发达考虑落后，风尚便谱写一曲颂歌。

　　为他人着想，让窗口的清风吹进来，使更多人感受清爽；为他人着想，让阳光照在他人身上，大家就可共同分享温暖；为他人着想，让河水汩汩，搬去阻碍流淌的礁石；为他人着想，让草儿青青，不去践踏初萌的希望。

为他人着想就是凡事要想到别人的辛劳与付出，想到别人的困难与窘境，想到别人的期盼与等待，想到别人的花开与花落。从而想到父母兄弟、同事亲朋，山河林木、风雪雨露，想到事业的顺达，国家的兴旺。

为他人着想就是从自我做起，工作中就会少一些挑剔与责怪，同志间便能增添友情和支持，街市与商厦中便会飞出文明与和谐。

为他人着想是善良的付出，它会结出祥和的果实。为他人着想是力量的启动，它会推动文明的进程。

为他人着想，社会便成为一个欢乐广场；为他人着想，生活便会变成愉快的享受。你也会收到盛情邀请，从而得到一个甜甜的圆满与舒畅。

（张蓬云）

丑女养心

大鼻头、小眼睛、厚嘴唇、嘟嘟脸，也许你无法想象，这些拼凑在一起，将会是一个怎样的女子？唉，别想了，这就是我，一个连普通都够不上的女子，所以从上学到上班，从来不会给任何人添麻烦。凡是认识我的人，总这样评价：哦，那个人呐，挺老实的！

看到周围的美女闺密，一个个花枝招展，风情万种，引得帅男频频上门，我却只有牵线搭桥的份儿，心里真是有点不是滋味。但转念一想，怪不得别人，谁让咱对不起大众呢？于是，静心下来，只能让自己尽量做到眉目清爽——好好洗脸，黑发整齐；笑容明快——对人真诚，好好做事，以此，留给别人一个舒服的感觉。

因为自己的安静，就拥有了很多自己的时间。于是去看书，渐渐地，心中有了盏明灯，照耀着心灵里那种天然的宁静，忽然感觉生活其实是如此地美好。然后，没有了心浮气躁，平和安宁地去工作，对于那些额外的名利，很是淡然，得之我幸不得我命。不知不觉中，每天都成了快乐的音符，忽略了粗陋的概念。

少了花前月下，就学着去爱那些可以爱的人吧。做父母的乖乖女，陪他们说说话，逛逛街，让他们安心。在自己的能力范围之内，资助了两个贫困女孩，有一个已经考上了大学，每每看到她发给我的邮件，那些点滴的进步，竟让我有了莫大的成就感，真是快乐！

在资助女孩活动中，认识了他，而他竟然爱上了我这大嘴丑女，于是，就有了一场平淡的恋爱，直至结婚生子。

那天，十年未曾见面的同学来访。叫上美女闺蜜小聚。同学大呼：哎呀，怎么美女老成这个样子了，你这丑丫头却居然越变越漂亮了？

闺蜜叹气，可不是，她现在是老公疼，儿子爱，家庭美满，工作顺利，哪天不是容光焕发、神采奕奕？

我一惊：是吗？我怎么没有感觉出来呢？

到底是我这丑女变漂亮了，还是美女变丑了呢？于是，我们开始了一场激烈的论证，结果如下：

美女之所以变老了是因为时光留不住，岁月在她们脸上留下了印记，与青春年少相比，当然有老的嫌疑；

而我这丑女变漂亮，并不是因为岁月没有痕迹，而是因了养心，内心的鲜活和滋润，才使得智慧和胸怀慢慢在脸上生长，从而拥有长久的美丽。

我听她们像分析别人一样分析着我：

爱看书，充实了你内心的智慧，从而拥有了一片平静的心灵港湾；平和的心态又令你心境明朗，让你拥有了知足常乐的满足；你不仅爱生活爱身边的人，你还爱这个世界上需要帮助的人，博爱又令你内心充盈。因而，你是一个内心充满快乐的人，快乐是多少钱都买不到的最好的美容护肤品，所以你的快乐越来越多，你就越来越漂亮了。

　　此结果一出，同学大呼同意，我反而不好意思了，其实，我哪里想过那么多，只是觉得岁月总会逝去，而内心的充实却可以历久弥香吧，于是，就那么做了。哪知，自己误打误撞，竟然是在养心，还使美丽也厚积而薄发了呢，这真是挺好的。

（张　莹）

生之大者

有一年暮春时节，天格外热，校园的四下里，奔蹿着提前到来的暑气。那天，课间操依旧是跑圈。两圈跑下来，学生们已是汗流满面，再跑步进入教室，急坐下来，更是大汗淋漓。

几乎所有的教室都开了电扇，轰隆隆的，响出一片清凉的阵势来。唯有一间教室，吊扇的翅膀安闲地垂着，不见动静。我有些纳闷，进上问学生，电扇坏了吗？学生们笑，朝我摇头。见此情状，我快步走向电扇的按钮，哪料，紧靠着按钮坐的一个男生突然站起来，有些慌乱地叉开自己的手，护在按钮上面，说："老师，这电扇不能开！"他的口气斩钉截铁，不容分辩。

我的手，僵在半空，在尴尬中，难以进退。这时候，他们班的班长，闪身出来，轻轻扯了一下我的衣袖，递给我一个眼神。之后，我随他走到教室外。"老师，是这样的"，班长压低声音说，"我们班有一个女生，有一种怕冷的病，到现在还穿着毛衣毛裤呢。为了她，我们约定，我们班不开电扇。"

那天，是我值班。无意间瞥见了那间教室，也遭逢了一场当时看来难以下台的尴尬，但此后我却欢欣了一个上午——为那么多颗善念萦绕的心。

冬日里，教室的前门，是糟糕的风口，因为有这般冷，学生们谁也不愿坐在那里。

我刚教书的那一年冬天，一个叫韩善平的男生，自作主张，单人独桌，坐在靠门的那个位置上。按规定，学生们每两周调换一次座位，其余的同学按部就班，都轮换过了，只有他，一直没有挪动过。

他是一个孤儿，跟着奶奶长大，长得瘦小单薄。我怕学生们欺负他，问原因，学生们都说是他不愿意换。但我总不放心。

有一次晚自习，我为韩善平解答问题，只站了一会儿，就感觉冷风顺着脚脖子往上钻。问题结束后，我问他，这儿冷吗。他说，冷。那你为什么不和其他同学换换座位呢？我随即问。哪料他一笑，说，老师，冷是冷，但我习惯了。习惯？哪有习惯冷的人呢！我拍了一下他的脑袋，当即否定他。

老师，真的，我真的习惯了。韩善平一脸的认真。老师，你不知道，我打小就在这个位置坐呢。上小学的时候，同学们欺负我，把我赶到门口的位置，我和他们打了一架。回去后，奶奶揍了我一顿。奶奶说，没有村里的那些个大叔大婶的照顾，你能长这么大？百家饭还喂不热你的一颗心？一扇门，才有多大的风啊，冻不死人的！以后，你就给我坐在那里。开始的时候，我很委屈，后来，长大点之后，我懂了奶奶的话，奶奶是教我做人呢。是的，自从奶奶揍了我之后，我就一直坐在教室的这个位置上。老师，我冷冷没事，别冻着大家就好。

韩善平和我说这番话的时候，始终微笑着，真切，挚诚，充满着感恩的暖意，他那颗像火炉一样的心，那一刻，正在他小小的身体里燃烧着。

什么才是一个孩子真正意义上的长大呢？我觉得，窜了个头，长了岁数，多了学识，还不完全算。只有他的心变宽了，变大了，能够放下自私和狭隘，想着去盛下别人，懂得记挂着别人的冷暖了，一个孩子，才算真正意义上地长大了。我之所以记下上面的这些学生，只是觉得，他们，就是生之大者。

（马　德）

悲悯的心

一位作家称：称职的作家应该具备两只翅膀——幽默和悲悯。

其实，做人也需要这样。幽默是乐观的智慧，悲悯是至爱的善良。

在交往中，我很看重心有悲悯的人。悲悯绝不是"厚黑学"鄙视的"心慈手软"，而是孕育各种美德之花的肥沃土壤，是对一个人乃至一群人的最后拯救。内心丧失悲悯的人，也许会变得前所未有的坚强，但这种坚强有可能就是一种执迷不悟，一种失重的无望跌落。这种人，他可以永远对人间的贫穷无动于衷，弱势也只是衬托出他自己的强大，即便他不会接连不断地伤害和侮辱他人，也会有意无意地持久地伤害和侮辱其他生命。比如动物在他眼里永远是美食和交易的工具，花草永远可以被践踏、被粗暴地干涉（让南方的树木"背井离乡"，孤零零地移居到北方，成为荒谬而孤苦的炫耀赏玩对象）。他虽然不会制造不公，但一定会在各种不公中麻木不仁、随波逐流，甚至载歌载舞，在暗中坚持不懈地为自己捞取好处、攫取利益。心里没有悲悯的人，会在不知不觉中成为人间不公的"帮凶"，将更多人和生命拖人不堪的境地。

悲悯携带着其他美德在人与人之间寻找良知、希望、救助、和谐与公平，它比智慧更有力量——丧失悲悯的智慧是近妖近魔的智慧；它比意志更可靠——意志是个人的，悲悯是公德的。一个悲悯的人天然地让人亲近，再复杂纠结的问题在这里都会找到一个至简精准的答案。悲悯是再生的永不枯竭的心灵资源，它纯净而美好、安全而包容，它让一个人跟许多假的、丑的、恶的东西区分开来；它让眼睛看得更远，让耳朵听得更真，让肌肤变得更敏感，让灵魂变得更温煦、润泽和圣洁。

悲悯是一个整体的联接、一个宽大的出口、一个不分彼此的提升。悲悯的人从来不会看重金钱、地位和名誉，他不会作茧自缚，他会热忱地帮助别人脱掉枷锁、远离不幸。他喜欢朝人群里走，向其他生命致敬，而当他安静独处时，心里也有他人和其他生命。他不剥夺而习惯给予，他不伤害而习惯抚慰，他不侮辱而习惯敬畏，他只想着帮助别人，却在最后得到了最多的帮助。原来他的手就是众人的手，他的路就是众人的路。

没有悲悯，只有坚强，这样的人在西方雕塑家眼里无异于恶棍，换言之，对众人的悲悯远比自己一个人的坚强重要得多。何为得道，何为失道，缘何多助，缘何寡助，问一问有无悲悯便可立刻判明了。

（孙君飞）

弯腰是大风景

　　我的一个朋友在商战中损兵折将，公司也被对手强行兼并。失败使他不得不弯下腰来，从"老总"的位置跌至"部门经理"，任人使唤调遣。他拜求曾经的导师指点迷津，希望能取得法宝，夺回城池。他的导师微微一笑，讲了一个初中时就已经听得腻歪的故事：牛顿弯腰拾起砸在头上的苹果，于是，"万有引力定律"横空出世。他困惑不已：我的遭遇与物理知识有什么联系？我失败的弯腰与伟人智慧的弯腰有什么关联？

　　我佩服这种善意睿智的引导。现代人一味追求狭隘虚浮的争斗，把表面的得失当成"挺起腰杆做人"的准则，把胜利定义在单薄浅浮的空间。却不能也不会弯腰思考，发掘那些"物竞天择，适者生存"、大智若愚的至诚真理。

　　夺回城池容易，但要消弭刀光剑影，参悟自己的弯腰却是难上加难。如果我的朋友不能以契合心灵、成败淡定的态度来认知自我，以水到渠成、参悟真知的方式来夺回城池，那么，他赢回来的，也只能仅仅是形式，真正的财富不是信用卡上的数字，而是我们弯下腰思索人生、平衡得失后收获的精神食粮，只有善于弯腰、懂得弯腰，才能像牛顿一样，拾起心灵殿堂的钥匙，展开飞跃的视野方舟，看见更为智慧绚丽的广阔天地。

（周　勇）

愿 为 果

　　小时候喜欢看外婆梳头。外婆年纪大了，可仍然喜欢美，把头梳得极光，别上簪子，如果有花，还要别上一朵，我在外婆的背上，闻得到桂花油的香气。

　　后来看母亲梳头。母亲有一头密而长的黑发，她不如外婆那样精致，总是胡乱地用牛皮筋绑住，匆匆地去上班，以至于我总是怀念与外婆在一起的闲情逸致，梳头是件极为正经的事情。

　　我十多岁的时候外婆问我愿意当那种花？我说，当荷花吧。那么艳丽、那么清澈，而且出污泥而不染，何况，我外婆家的房前屋后全种满了荷花，到秋天又能采到莲，我极爱吃外婆做的片，还有粉。外婆就笑了，说，做荷好。

　　再大一些，我便不愿意做荷，觉得它有些娇气，非水中不行。那时我愿意做一枝田野山间的花，在长满草的路上，忽然能看到野生的我。我觉得那一定是具有极旺盛生命力的，何况我正叛逆，十六七岁，把牛仔裤剪了很多破洞，把头发染得乱七八糟，然后和母亲因为小事斗嘴，于是离家出走。

所有少年时的逆反我都有过，我不是一个听话的孩子，从小便是。少年时，我朋友少，常常一个人跑到城上发呆，那城上有吹萧的男子，我们四目相对，好像前世就认识。因为过于孤僻，我竟然说话结巴，一紧张就不能成语。后来看电影《钢琴别恋》，女主角也是哑的，她说，神说，哑的东西都是好的，所有的东西最后都要归于寂静。

　　那时我才不再那样自卑。

　　外婆去世时我正在石家庄读大学，闻听后连夜坐火车返回，扑到外婆身上号啕。她说没去过北京，我应了她这个假期带她去，可是，居然又没有去。我和男友去了北戴河，忘记了自己说过的话，以为时间还有好多，她最后对母亲说，把这个玉镯给莲儿。那个玉镯是祖母绿，当时她娘家最贵重的陪嫁。因为戴了一生，玉镯已经变得碧绿。外婆用自己的一生养了一只玉，然后嘱咐自己的女儿给自己的外孙女。

　　我凝视着外婆的脸，看着上面的皱纹，一条条纵横驰骋，我才明白，我真正要做的是什么。

　　是，我要做一枚坚果。

　　厚重的皮柔软的心，历经秋霜和冬雨，我不做那样娇嫩的花了，愿为果，抗一生的风雨，在阡陌纵横的人世间，积天地的精华，忍世间的雨雪风霜，终成一粒坚果。

　　哪怕，这粒果是最瘦最弱最小的一粒。哪怕，它是不被人看中的一粒。我亦想做一枚果。就像外婆，用自己勤劳的手哺育四个孩子，她替人当过保姆、洗过衣服。而母亲跟着父亲流离，一生奔波，没有喊过苦没有喊过累。她的工作永远是第一的，家里的奖状贴满了，因而忽略了我和弟弟，曾经有几年，我如此地抱怨，甚至觉得母爱是如此遥远，可是有一天我忽然看到了她的白发。

还有比做坚果更动人的吗？

它不好看，甚至不讨人喜欢，它饱满或者干，可是它却具有这样旺盛的生命力，把光阴的精华慢慢凝聚，一滴滴浓缩，它很坚硬，可是，如果入口，它很醇香。

愿为果，可以收了日月的光华，可以把红尘中的喜怒悲哀放在里面。愿为果，可以坚强而不妥协，抵挡外面的风雨雷电，愿为果，可以在小小的壳里，温暖自己的一生。

哪怕飘零枝头，也是一枚果。它不会轻易如花样凋谢，它也许还在来年生根发芽，等待另一季。

（雪小禅）

爱的储蓄罐

学校里正在举行一个为白血病学生捐款的活动。

忽然，一个中年男人双臂吃力地夹着一个纸盒子，从校外走了进来。他径直走到捐款的队伍前，放下纸盒，盒子里是一叠叠小额纸币，以及一堆亮闪闪的硬币。

他不就是学校边的那个无臂店主吗？他对负责捐款的老师说："把这些钱，转交给那个生病的孩子吧。"

老师为难地看着他："这是我们学校内部的捐款，你就不用捐了吧？"

他坚定地摇摇头："其实，这也不是我的钱，而是孩子们的钱。"

关于他和他的小店，老师们早有所耳闻。在学校两侧，开了很多小店。他的小店，卖一些书刊和文具，并没有什么特别之处，而且小店的位置也偏离学校大门，属于不好的地段，照理应该没什么生意。奇怪的是，他的小店生意却比别的小店都要好，孩子们似乎都特别喜欢去他的小店买东西。为什么孩子们要舍近求远呢？有位老师悄悄去实地打探了一下。柜台里应声站起一个中年男人，男人伸出两只手臂，从货架上"夹"起一只水笔。眼前的一幕，让那位老师惊诧不已：他的两只手臂，从小臂处就都断了，只露出两个肉球一样的东西。他就是靠这两个"肉球"，将笔对夹起来的。如今，他全靠这两只没有手的胳膊，支撑着自己的生活。

那么，他今天为什么会来捐款？纸盒里的钱又是怎么回事？他向大家讲述起纸盒里那些钱的来历。

每天一放学，就有不少孩子来到他的小店买东西。货物都放在他身后的柜台上，孩子们需要什么，他就用双臂一夹，就从柜台上"夹"下来了。"夹"货物难度不大，可是，"夹"钱就有点难了，特别是硬币。他的双臂根本夹不起来。细心的孩子们怕难为他，所以，往往尽量将钱准备得正好，这省了他很多麻烦，但还是少不了找零的情况。后来，他就想了个办法，将零钱都放在一个纸盒里。孩子们付完钱后，需要找零的话，就让他们直接从纸盒里自己拿。有人担心，他这样让他们自己找零，是不是太轻信别人了？但他相信这些孩子，月底盘点时，他吃惊地发现，账还真对不起来了。不是钱少了，而是多出来了。扣除成本，减去利润，账面上多出十几元钱。很显然，钱是从那堆零钱里多出来的。后来，每个月对账，他都发现，总会多出一些钱。

说到这里，他的眼睛湿润了。他说，虽然我一再跟孩子们说，记得自己找零钱，他们也确实自己从纸盒里拿零钱了，但每个月，我的小店还是会多出不少钱来。于是，我就把这些钱都攒了下来，这个纸盒子就是我的储蓄罐。今天，我把它们转交给你们，虽不知道那个生病的孩子是谁，但我一定见过他，他也一定去我的小店买过东西。这些钱希望能帮上他一点忙。这点钱是我的心意。

（孙道荣）

善良是个连环套

　　那一天的事情有些蹊跷。邓秀兰一个人在家，厨房里熬着汤，她在卫生间里洗衣服，这一切平淡得看不出任何涟漪。糟糕的是，浑然不觉中，她晕倒在卫生间冰凉的地板上，甚至来不及打一个求救电话。

　　那个时间，根本不可能有人打开她的家门，女儿远在北京，老公也被女儿接过去长住，儿子顾着自己的公司，不到半夜绝对见不到人影。等待她的只有死亡。

　　幸运的是，她没有死。睁开眼，发现自己躺在四壁雪白的医院里，医生说："你煤气中毒，幸亏你儿子及时把你送来，再迟几分钟，可能就没命了。"

　　随后赶到医院的儿子却说，他没有回过家，接到电话才知道母亲出事了。

　　那么，是谁救了她？值班护士说，送她来的是一个小伙子，当时非常着急，是抱着她一路跑进来的。抢救了两个多小时，他就一直在外等了两个多小时，直到确定她安然无恙，他才长长地舒了口气。护士忍不住问："她是你母亲？"他说："是的。"至于他什么时候离开的，倒是没人注意。

到底是什么人做了好事还不留名呢？等回到家，看到卧室里有被翻过的痕迹，家人开始猜测，是小偷入室行窃，碰巧看到昏迷的女主人，于是一丝善念闪过，救人一命。难道自己的救命恩人竟是一个小偷？邓秀兰不愿意相信，她四处打听，想要找到恩人的下落，要说声谢谢。

那天，她听说派出所抓了一个"开锁大盗"，是这一带的惯偷，她心里一咯噔，会不会是自己的救命恩人？她当即跑到派出所，向民警打听犯人的情况。得到民警的配合后，又找来那天值班的护士当场辨认。

虽然她并不希望自己的恩人是个小偷，但事实是，那个叫杜安涛的"开锁大盗"就是那天救了她一命的人。她心中百感交集，不管对方身份如何，在危难关头能救人一命，就说明他良知未泯，自己怎么做才能帮助他呢？

她跑到派出所，给他送去两套新衣服，坦诚地和他聊天，并要认他做干儿子。她像对待亲儿子一样谆谆教导，年轻人犯错了并不可怕，知错能改就会有前途。在她的感召下，杜安涛最终供出了全部罪行。

每个人都要为自己的行为付出代价，杜安涛付出的代价就是15年牢狱和女友的扬长而去。这对一个风华正茂的年轻人来说，是道过不去的坎儿，15年过后，他还能做什么？

在他最悲观绝望甚至以绝食抗争的时候，她再次送去了关怀。她为他熬鸡汤，连续两个星期从不间断，她一针一线给他织好看的毛衣，不时地在他身上比着尺寸，说："天气凉了，我要赶紧把毛衣织好，亲眼看你穿上才放心！"直到他一颗坚硬的心变得如棉花一样柔软，直到他肯一口口喝下那代表爱的鸡汤。

她还为他策划好了今后要走的路，她说："你不是很会开锁吗？因为开锁才走上犯罪的道路，你对所有的锁都很了解，可以研制出一种新型的防盗锁呀。"

他犹豫着问："我行吗？"她像母亲鼓励儿子一样说："你那么聪明，肯定行！"

随后，她和监狱长协商，专门给他腾出一间房做研究用，她还经常给他寄相关的书籍，有时还专门买来各种各样的锁，供他参考。

想不到自己的特长可以在正道上得到发挥，杜安涛欣喜不已，从此一心扑在研究上，刻苦补习文化知识，一遍又一遍地拆卸锁具，找出共同点和不同点。经过对上百种防盗锁进行拆装后，他发现这些锁有槽式、弹簧式、弹子式、凸凹式四种，用30把钥匙就可以打开，根本不具备防盗功能。

经过两年时间的刻苦钻研，他最终研制出了一种新型的螺旋式防盗锁，并在邓秀兰妈妈的帮助下顺利申请了专利，国家知识产权局为他颁发了专利证书，认为他发明的"螺旋防盗锁"超出了国内其他产品的功能，属A级防盗产品，居全国之首。

一个入室行窃的"开锁大盗"最终成了防盗锁的专利获得者，并得到减刑四年的奖励，杜安涛的人生被彻底改写。他知道，这一切归功于他的"妈妈"邓秀兰。

当初，他的一丝善念，救了一个陌生女人的性命，而这个女人，又用自己的善良改写了他的命运。世界是如此奇妙！每个人把心中的善念释放一点点，温暖别人的同时也被别人温暖，生活该变得多么美好哇。

（汤小小）

送你一缕阳光

　　几年前我生过一场大病，在一个乡间医院住了三个多月。病房里一共四张病床，我和一个小男孩各自占据了靠窗的一张。另外的两张，有一张属于一个姑娘。

　　姑娘苍白着脸，长时间地闭着眼睛。她很少说话。我只知道她是外省人，父母离异后，随着母亲来到这个城市。想不到接下来的一个突然变故，让母亲永远地离开了她。在这个城市里，她不再有亲人，也没有一个朋友。现在，她正用母亲留给她的不多的积蓄，在这个简陋的病房里延续着自己年轻却垂暮的生命。

　　靠窗那张病床上的小男孩，虽然也生着病，却是活泼好动。他常常缠着我给他讲故事，声音喊得很大。每当这时候，我总是偷偷瞅那位姑娘一眼。我发现她眉头紧蹙，显然，她不喜欢病房里闹出的任何声音。

　　男孩的父母天天来看他，给他带好吃的，给他带图画书和变形金刚。男孩大方地把这些东西分给我们，并"不识时务"地给那位姑娘一份。有时姑娘不理他，闭着眼睛假装睡着，男孩就把那些东西堆在她的床头，然后转过头，冲我们做一个鬼脸。

一次我去医院外面的商店买报纸，看见小男孩的爸爸正抱着头，蹲在路边哭泣。问他怎么了，他不说。一连问了好几遍，他才告诉我，小男孩患了绝症。大夫说，他活不过这个冬天。而那时，已经是初秋了。

一个病房里摆着四张病床，躺着三个病人，却有两个人即将死去：并且，都是花一样的年龄。那时我心情的压抑，可想而知。

一切都是从那个下午开始改变的。

那天，男孩又一次抱了一堆东西，送到姑娘的床头。那天姑娘的心情好一些，正收听着收音机里的一档音乐节目。她跟男孩说声谢谢，并对他笑了笑。男孩子是得意忘形了，赖在姑娘床前不肯走。

他说，姐姐，你笑起来很好看。姑娘没说话，再次冲他笑笑。男孩说，姐姐，等我长大了，你给我当媳妇吧！病房里的人都笑了，包括那位姑娘。姑娘说好哇！她伸出手，摸了摸男孩的头。可是你的脸，为什么那么苍白？男孩问。因为没有阳光啊！姑娘说。那时，她正和男孩拉钩。男孩想了想，然后很认真地对姑娘说，我们把病床调换一下吧，这样，你就能晒到太阳了。姑娘说那可不行，你也得晒太阳啊！男孩再一次仔细地想了想，然后拍拍脑袋，有了！他再一次认真地说，我让阳光拐个弯吧！

所有人都认为男孩正开着他那个年龄所特有的不负责任的玩笑，可是那天，他真的让阳光拐了个弯。

　　他找来一面镜子，放到窗台上，不断调换着角度，试图让阳光反射到姑娘的病床，可是他没有成功。当我们认为他要放弃的时候，他却又找出一面镜子。午后的阳光经过两面镜子的折射，真的照到了姑娘的脸。

　　我看到，姑娘的脸庞，在那一刻，如花般绽放。

　　那以后，男孩起床的第一件事，就是仔细擦拭那两面镜子，然后调整它们的角度，将清晨的第一缕阳光洒在姑娘的病床。而那时候，姑娘早就在等待那缕阳光了。她浅笑着，有时将阳光捧在手里，有时把阳光涂上额头。她给男孩讲玫瑰树和蜗牛的故事，给他折小青蛙和千纸鹤。姑娘的脸竟然不再苍白，逐渐有了阳光的颜色。

　　我还记得护士们惊愕的表情。每一天，护士们为两个人检查完身体，都会惊喜地告诉他们：又好一些了！显然，男孩与姑娘的身体都在康复。我知道这是奇迹。

　　我出院的时候，姑娘已经可以下地行走了。她和男孩一起来送我。那时他们牵着手，两个人的脸沐浴在金色的阳光里，那是两张快乐并健康的脸。

　　几年后见过那位姑娘，当然她没有给那个男孩当媳妇，不过她说，她每天都在感谢那个善意的玩笑。说这些时，她刚刚出嫁，浑身散发着新娘所独有的幸福芳香的气息。她说，是那个男孩和那缕阳光救活了她。那段时间，每天睡觉前，她都要想，明天一定早早醒来，好迎接男孩送给她的第一缕阳光。她不想让天真并善良的男孩，在某一天突然见不到她。所以，她不敢死去。

　　我也见过那个男孩，他长大了，嘴上长出些褐色的细小绒毛，有了男子汉的模样。那天我坐在他家客厅的沙发上问他，那时知道自己已经被判了死刑吗？他说知道，只是那时还小，对死的概念有些模糊，却仍然怕，怕得很。好在有那位姐姐，那时，每天睡觉前，我都要想，明天一定早早起床，让清晨的阳光拐个弯，照到姐姐的脸上。因为，她要当我媳妇呢！说到这里，男孩笑了，露出纯洁和羞涩的表情。

　　不过是一缕阳光，却让奇迹发生。我在想，其实每个人心里都有这样一缕温暖的阳光。你给予别人的越多，剩下的，就越多。

（周海亮）

友谊都不曾是浮云

　　林小泉刚从外地转来这所高中，从她踏进教室的那一刻起，讥讽就不断地传入她的耳朵，无非是说她走路像一只笨鹅。其实，小泉的骨子里有一种自卑感，原因是小时候右腿落下了残疾。

　　下课铃声一响，同学们都往食堂奔去，小泉只能孤零零地落在后面，孤单的身影在空荡荡的走廊上以一种极不协调的方式行进。

　　"小泉，你怎么还没走？"李萌跑来扶着林小泉。李萌长得漂亮，成绩又好，像白天鹅一样高傲，平时很少接近林小泉。面对她的热情，林小泉一时不知所措。"小泉，我扶你吧。"李萌的笑脸上有着不容拒绝的狡黠。

　　自打李萌接近林小泉后，她总会找时间和林小泉黏在一起。这样一来，两人慢慢熟络起来，小泉终于体会到了一丝温暖。

　　这天傍晚，林小泉去李萌的寝室找她，临近寝室时，她听见有人说话。"哎呀！李萌，你怎么会和林小泉做朋友呢，大家都笑话你呢！"

　　"我不过是帮帮残疾人罢了。"李萌似乎带着可怜的意味。

这句话瞬间像利剑一般残忍地戳进林小泉的心。

"对不起，打扰到你们讲话了。"林小泉站在门口，正好对上两双惊愕的眼睛。

抬头仰望天空，努力不让眼泪往下掉，林小泉告诫自己，从此以后再也不能在别人的欺侮下过活了，你要做一个让人刮目相看的林小泉。

高考时林小泉发挥得如鱼得水。在所有人的惊讶中，林小泉考上了许多人梦寐以求的北大。

大一时，林小泉收到了李萌的信。"小泉，一年多没见了，你现在还好吗？当我给你写这封信的时候，最想说的是'对不起'。当初的我伤了你的心，我后来也越来越后悔，你要相信，这么久以来我都不后悔交过你这个朋友……"

看完这封信，林小泉轻轻叹了口气。这么久了，也该放下了。熙熙攘攘的街道上，林小泉走到邮政局，投进了一封信。是给李萌的信："李萌，收到你的信我感到很意外，但是我想我不会再将过去的事情挂在心上，关于不好的一切就让它随风飘散吧！当初的你就像天使一样出现在我的视野里，将我从欺侮中解救出来，面对众多嘲讽中出现的一缕阳光，我无法不和你成为朋友。可是我们怎么不能走到最后？纵然我们因为太多误会而分离，但就在我的心像玻璃一样碎了一地后，我仍然忘不了你的好。我已经原谅你了，毕竟再多的伤害也抵不住曾经的友谊。"

　　汽笛鸣起，火车沿轨道滚动的哐啷声也随着响起，林小泉坐在靠窗的位置，想着出现在她生命中的每一个人，温暖的日光透过一层薄薄的玻璃照射进来，洒在一张挂着淡淡微笑的脸上……

（刘晶晶）

给他人掌声

我在音乐学院自费学习作曲时，得到过同学的帮助，在同学需要帮助之时，我也曾投桃报李。

我住的宿舍，有一位陈姓湖南学员。有一次，钢琴系的小苏来找他的湖南老乡，我认识了小苏。小苏个子不高，戴着白亮亮的近视眼镜，脸显得胖胖的，有一种艺术家的气质。

小苏的老乡不在，他坐在床边和我说话。我问小苏："你学的是什么专业？"小苏说："钢琴和手风琴。"

手风琴我也会，小时候学过，可是想达到一定水平是很难的。小苏虽然只有23岁，但是学习手风琴已有13年了，水平很高。而我担忧这样的专业技能不好就业。

小苏却说："我将来毕业，如果去不了专业团体，就教孩子学习手风琴，谋生不是问题。"

我说："你的想法不错。"

我们宿舍的一个新疆学员有手风琴，我让小苏拉一曲听听，他拉了一首《土耳其进行曲》。他拉手风琴的声音效果和钢琴一样，每个声音都竖实有力，节奏感很强。我很敬佩。

过了一段时间，小苏要毕业了。一天晚上，小苏来到我们宿舍。小苏说："明天八点，钢琴系举办毕业生演奏作品汇报会，请几位到场给我捧场。"

我们说："明天一定捧场。"

第二天，我第一个到了钢琴系的大教室，台前的黑板上用红粉笔写着"钢琴系毕业生演奏作品汇报音乐会"。我在最后边找了一个座位坐了下来。教室里散坐着一些老师和同学，人很少。我希望我们宿舍的人都能来听这一场音乐会，对小苏来说也是一种支持，可是望了一下，除了我没有一个，我就知道他们不想在这上面浪费时间。

音乐会开始了，陆续有学生上台表演，但听众掌声稀疏。

到了小苏上台表演，他拉手风琴，一个女大学生给他伴奏，彼此配合默契。小苏的手风琴停在最后一个音节，鞠躬，准备下台。本来观众很少，又对手风琴不热情，我就第一个带头使劲鼓掌，我这一鼓，终于带动起观众跟着鼓起了掌。掌声还算热烈，小苏带着笑容走下了台。

我想：我没有太多能力帮助他人，但给他人掌声，也是对人家的一个鼓励吧。这个掌声当年对小苏是多么重要，如果小苏演奏完后，没有人鼓掌，就说明他演奏的效果不怎么样，会影响小苏的情绪，我的掌声对于他是一个小小的帮助吧。有时帮助他人不一定是很大的礼物，可能只是一句话、一个微笑。给他人一阵掌声，这是我们随手就能做到的。这是微不足道的小事，然而却能激励对方创造出更大的人生意义，让他人的人生之路走得更宽阔。

（张书印）

给人最好的

　　母亲从老家带来满满一袋应季蔬菜。我随口幸福地抱怨了一句：这么多，哪吃得完呐！一向热心的母亲搭话：要不送你朋友一些吧。我立马响应，拿个塑料袋便装。母亲急忙上前制止，拉我蹲下仔细挑拣起来：韭菜全部择过，去掉污泥、枯叶；生菜，专挑新鲜绿嫩的；豆角，专挑光滑漂亮的；土豆，专挑个大圆整的……我不耐烦了："随便装些就好，不必这么麻烦。"可母亲却郑重地说："给人，就要给最好的，这关系到你们在彼此心中的位置，马虎不得。"是啊，因为珍视别人，所以才给人最好的；而给人最好的，也必将收获别人对你的珍视。

　　女儿渐大，许多穿过的衣服和鞋子塞满了柜子。收拾房间，我便提议：谁家有小孩，把这些不穿的就送给他们吧。我和妻子细数一番，找了几家可送的亲戚朋友。根据别家小女孩的年龄，挑拣最合适、最漂亮、保存最好的衣服全部洗了，晾在阳台；将鞋子全部刷净，摆满窗台。晒干，全部整理好，分装入袋，贴上标签。送人时，收获的全是灿烂的微笑。

在单位，领导交办的工作，不论任务大小，紧急与否，我都将其视为最重要最紧急的工作对待，以最积极的状态倾力去做，将最满意的成果交付领导。其间，不知付出了多少辛苦、汗水，不知牺牲了多少娱乐、用餐的时间，遭遇了多少家庭、朋友的误解，但我始终一直坚守。正因为以"最好"的标准要求，以"最好"的工作示人，便也收获了来自领导的肯定与嘉奖。

在邮局工作的同学小李，最近遭遇家庭变故。他借酒浇愁，一时憔悴许多。但那次取稿费见他，一身职业装，倍儿精神，面对每位顾客都会露出灿烂的微笑。轮到我，他却在目光的对视间，信任地透出丝丝忧郁。下班约他小聚，小李无奈地说："服务行业，就算有天大的事，只要坐在那里，就要以最好的形象服务顾客。"小李说得很自然，我却对他肃然起敬。

见到婚后的小张，俨然变了个人。先前那个头发五颜六色、装扮新潮前卫的时尚型男，如今也留起了黑色寸头，穿着也变得成熟稳重起来。与小张打趣："被老婆管成这样啦，整个一大变活人！"小张倒是若有所悟，半开玩笑地说："遇到一个爱我的、我爱的人不容易。既然我爱她，就要顺着她的喜好改变自己，将最好的一面给她。"一言便相信，小张的爱情必定美好。

回到家里，不管工作压力多大，遭受多大委屈，都要尽量将心情调到最好，免得把坏情绪传染给家人；外出旅游，无论花钱多少，最好带个特色小礼品给同事，以最友好的形象融入同事之间；面对父母，即便事业陷入困境，家庭出现危机，都要刻意隐瞒，展示给父母最好的生活，让他们放心。

给人最好的，有时只是举手之劳，有时却要努力付出许多。但不管怎样，我们都要尽量做到最好、展现最好。给别人"最好"，不是虚假，也不是做作，更不是作秀。"最好"，是用积极来影响他人，是用美好来回报他人，同时，也是以负责的态度来对待自己。种植于"最好"，可以让亲人多一些放心，友人多一些情谊，同事多一分信任。这样的处世方式，虽然有时会感到疲惫，但是长期做来，自己与自己、自己与他人之间的关系一定会和谐起来，这也就是根深叶密的道理吧。

（张金刚）

君子成人之美

先秦哲学家庄子的书里有这样一个故事，说古代有个郢人，长于挥舞斧头，他可以把斧头舞成一阵风。郢人表演的时候，有一个固定的搭档，名字叫质，质在鼻子上涂上薄薄的一层石膏粉，郢人一斧头舞下去，可以将石膏粉削去，而丝毫伤不到质的鼻子。后来，质死了，郢人就再也不能表演他的绝技了。庄子说这个故事，除了赞美了郢人的高妙技艺外，还有另外一层深意，即赞扬质精妙的配合与一心一意的成全精神。无疑，郢人成了人们心目中的英雄，而质则是一位成人之美的君子。宋代诗人王安石诗"便恐世间无妙质，鼻端从此罢挥斥"，意思是说：如果没有"质"来成人之美，再美好精彩的创造也会绝迹于世间。

2009年NBA全明星赛扣篮大赛，内特·罗宾逊和霍华德作为竞争对手进入决赛。在霍华德的扣篮表演获得高分之后，内特·罗宾逊出场。为了突显自己的弹跳能力，他把霍华德拉上场，表演了飞跃霍华德扣篮的精彩一幕。霍华德身高2.11米，人们都被罗宾逊惊人的弹跳征服了，于是罗宾逊毫无疑问地获得了那年的扣篮王。而为其作"嫁衣裳"的霍华德则被比了下去，与扣篮王失之交臂。可以说，是霍华德帮助罗宾逊打败了自己。

在陪衬罗宾逊的过程中，霍华德一直面带着微笑，即便是在飞跃过程中罗宾逊的脚踢到了他的肩部，他也毫不在意，依然面带微笑，霍华德在罗宾逊胯下微笑的画面成为了永恒。在这场比赛中，罗宾逊赢得了扣篮王，但是霍华德却赢得了全球观众的赞誉。帮助对手打败自己，这种忘我的成人之美，绝对堪称君子。

当年，伏明霞与梁锦松的恋情渐渐浮出水面，这事儿成龙也是知道的。一天晚上，成龙被邀请担任"香港杰出领袖颁奖典礼"的嘉宾，同时被邀请的还有伏明霞与梁锦松。不知道是工作人员故意开了个玩笑，还是一时疏忽，成龙的位子正好夹在他们两人中间。想成人之美的成龙干脆没有去坐那个位子，而是一直站在最后排。当轮到成龙出场的时候，他从后排一路小跑上了台，被主持人误会迟到，但他没有作任何辩解。"任务"完成之后，他便匆匆离开了现场。

成龙是一位谦谦君子，他宁肯在后排站着，宁肯被主持人误会迟到，也不去破坏一对情侣近距离相处的机会，这件事情体现了成龙一心成人之美的良好品质。成龙所做的一切，也许伏明霞和梁锦松一生都不会知道。尽管如此，他还是会做。太多时候，成人之美的人不需要感激，别人的美，对他们而言也是一种心灵深处的享受。

其实，如果生活中人人都能够怀着一颗成人之美的心，那么岂不是每个人的人生都将变得美好起来，整个世界都将变得和谐顺畅起来吗？不要计较一时的得失，真心地去帮助别人、成全别人，这样的人一定会获得人们的尊敬。

（透明人）

学会自我欣赏

　　造物主是公平的，生命中的许多东西都是值得欣赏的。而欣赏，不是崇拜。崇拜是一种无知的狂热、无谓的盲从，而欣赏则是一种怡然冷静的心情，一种给予与温馨，一种沟通与理解，一种用耳朵、眼睛去触摸、去感受、去赏识、去领略的理智自得。

　　用欣赏的目光去看世界，这个世界会因此而更加美满；用欣赏的目光去看自然，会顺其自然而陶冶高雅的情操；用欣赏的目光去看尘世，用丰富的感情去面对人生，会懂得许多豁达的处世之理，会默默地洞察事物的发展结局；用欣赏的目光去看待生活，用特别的感觉去体会生命的滋味，喜怒哀乐、是非成败都会真实而刻骨铭心；用欣赏的目光去看自己的爱人，会从心底深处得到对爱人的真正认可；用欣赏的目光去看别人，会发现别人有说不完的优秀和学不完的优点。在容纳别人的智慧中改善自己的心智模式，就会使你的胸怀变得博大而积极进取。

　　但人类却有一个共同的弱点，那就是：大多数人想要改造这个世界，但却很少有人想改造自己。这是因为了解自己比了解别人更困难，喜欢自己比喜欢别人更不容易。所以自我欣赏尤其重要，其关键是要做到：调整自己、净化自己、完善自己。

调整自己是自己对自己的叩问，是自己对自己的打量，更是自己对自己的找寻与规划。自己对生活作出的准确判断，会比别人教给你的方式方法更踏实、更得力。知道自己想要做什么，明白自己将要做什么，这对于自己以后的发展有着至关重要的作用。而调整，也不是任由自己随意改变，它需经过对自己的分析与规划。只有这样，才能使找到自己成为可能。

净化自己是一种自身修养不断提升的捷径，它会帮助你看清自己，使你心如明镜，行动清晰，闻到生命本身散发出的那种清新健康的芳香，得到人生的内在充实和意想不到的收获。净化自己需要贮一份清洗心灵的时间和空间，然后跳出自身，成为自身的旁观者。审视昨天、思量今天、策划明天，从成功中获得经验，从失败中获得教训，从平凡中获得宁静，不为外界的诱惑而丢失自我，不为一时的挫折而否定自我。

完善自己是一种至纯至美、不断攀登高峰的阶梯。它是在自我交流、自我锻炼、自我成熟中走进自己的内心世界，从而发现自身的价值，挖掘出自己异于他人的东西。

其实，每个人都有自己内在或外在的优势。遗憾的是，人们常常忘记自己的优势所在。而完善自己的关键，正是要善于经营自己的长处。如果清楚自己的优势所在，及时地挖掘、开发、培养自己的强项，将自己的生活和工作都建立在优势之上，那么就有可能最大限度地实现自己的人生价值。

当然，这里需要强调的是自我欣赏，不是孤芳自赏，不是唯我独尊，也不是自我陶醉，更不是故步自封，而是给自己一些自信，给自己一点愉快。学会自我欣赏，就要有欣赏的心胸和勇气，更需要有对欣赏的剖析与整合。而在自我规划之上的自我欣赏，则可以使我们更好地通向成熟，使自己成为自己真正的主人。

（宋守文）

每一天　美一天

收拾好办公桌上的散碎杂物，关上电源，轻轻地带上门，他像一只飞出了牢笼的鸟雀，终于可以休假回家了。

一年了，他一直奋战在工作岗位上，没有放过一天假。他自己也想像别的父亲一样，抽出一天时间陪女儿去游乐场玩玩；他也想像别的丈夫一样，在妻子生日那天特意从单位溜出来，抱一大束红玫瑰回家；他更想像别的儿子一样，晚饭后陪父亲散散步、谈谈天……

然而，他工作的特殊性要求他不得不每天全国各地地跑。经常出差的他，养成了记日志的习惯，他记日志和别人不同，他喜欢早晨记录，蘸着每天的第一缕晨光展望一天，然后是给自己祝福。

他的日志扉页上写着这样一句话：每一天，美一天。别人问他，你整天全国各地地跑，饱尝差旅之苦，工作性质又极其特殊，有什么好美的呢？除非是你自己苦中作乐。每当他听到这样的话，总是笑笑，心里仿佛藏着自己的逻辑。

他开着车，往家赶。

家里，一片纷忙。这天，恰好是他的生日，妻子做了一桌子饭菜，其中，还有他最爱吃的可乐鸡翅。他喜欢吃这道菜，不光是因为味道好，他说，这道菜必须咧着嘴吃，一咧嘴，所有的烦恼就抛到脑后了。

车子绕过了几道弯，前面是一条巷子，穿过了这条巷子，就是他的家了。然而，就在这时候，他的手机急促地响起来，是单位打来的，一定是出了什么事情，他一接，果不其然，领导用命令的口气告诉他，机票给他买好了，马上飞赴Ａ市，有一个隐患需要他即刻去排除。

他赶紧掉头奔向机场，因为，他知道，一定又是人命关天的事情。

飞机上，他摊开日志本，写下了对老婆和孩子的愧疚。

一个钟头后，飞机抵达Ａ市，有专车把他接到事故现场。现场人群早已经疏散，有着死一般的沉静。他换好衣服，拿上工具进去，10分钟后，他通身大汗，抽丝剥茧，险情才排除一半，此刻的他知道，他的工作，只有"零"和"一百"这两个数，有任何没有完全排除的险情，就等于他完成的是"零"。

15分钟后，有了新的进展，他身如水洗。20分钟后，他排除了最后一道险情，蹒跚着脚步出来，冲大家做了个Ｖ字手势，现场响起了雷鸣般的掌声。

他顾不上擦汗，赶忙给妻子打电话，说他马上回去。Ａ市的领导挽留再三，也没有成功。

顾不上吃饭，收拾东西坐上飞机往回赶。回到家，一摸包，急了，日志本给落在A市了。他的这本日志后来经由A市的媒体曝光出来，媒体把他日志扉页上的那句话作为新闻的标题刊发："每一天，美一天"。日志共千余篇，其中，对妻儿愧疚的日志就达600余篇。

媒体说，每一天都有可能是他的最后一天，所以，他要美美地度过。如果最后一天到来，他会把深深的愧疚摊给自己的妻儿看，在他日志的最后一页，写了这样一句话：我相信，你们会原谅我。

没错，他是一位拆弹专家！

（李丹崖）

爱在伸手之间

　　我很喜欢乘坐他开的那趟公交车。因为他的那个重复性动作一直强烈地感动着我。

　　车子停靠在一个站台旁，一个银发老人随拥挤的人流上车，他急忙离开座位，向门口跨了一步，把手伸向老人。下一个站台，他又把手伸向一个抱孩子的乘客……21次停靠，21次起动，他的手就这样重复着伸出去，伸向每一个需要的乘客。

　　前几天，在电视上看到了他，那是市"五一劳动模范"表彰大会。他眼含泪水，向观众讲述了一个动人的故事。

　　他的母亲因患眼疾双目失明，可母亲不愿意拖累他，仍然生活在故乡的小镇上。得益于乡亲们的帮助，母亲的生活也自有乐趣。母亲喜欢听戏，总会有人牵起她的手，把她安排在离戏台最近的地方坐下。母亲想去乘凉，也会有人牵着她的手送她到大槐树下，只要母亲有求，就会有手伸向她……"母亲就是生活在一个由别人的手搭建的温暖的世界里。"他的眼睛湿润了。

　　"向别人伸出手，只是举手之劳，而爱，就在伸手之间。"他用这句话结束了电视采访。

孟子曰：老吾老，以及人之老；幼吾幼，以及人之幼。做起来其实并不难，因为，爱就在伸手之间。

（流　舒）

小善动人

　　考取驾照后，我弄了一辆旧的普桑轿车练手。空闲的时候，经常开到城郊，既避开了城里拥堵的交通，又可以呼吸新鲜空气。

　　一次，经过一条道路的弯道，迎面驶过来一辆电动车，上面坐着一对母女。就在车子与电动车擦肩而过的时候，我发现电动车前面有一大段长长的积水，那女人似乎刹车不及，电动车向水坑冲去。

　　我怕积水下面有空洞，那这对母女可就惨了。我下意识地打了一下方向盘，让出了一条路，这样电动车可以从水浅的地方通过。她们显然明白了我的善意，电动车顺利地过去了。而我就惨了，因为方向盘打得太大了，前轮过去了，一只后轮掉到了路边的水沟里，一下子就卡住了。

　　我下车查看，发现只要找一些石块垫一下轮胎就可以开上来。那对母女也停下车过来看，但她们也无能为力，又开着车走开了。

　　我四处找了一会儿，四周没有可以搬动的石块。于是，准备打电话给拖车公司。正在这时，只见那对母女骑着电动车回来了，车子踏板上放了一摞碎砖，她说："路的尽头有一个建筑垃圾堆，我再帮你运一些砖头来。"如此往复运了四次，终于把轮胎下面的水沟填满了。我发动车子，后轮顺利地从沟里开了上来。

这似乎是一件微不足道的小事，但一想起这件小事来，就会让我觉得温暖，觉得它背后蕴藏着某种真意，想说又说不上来。

前几天，经过杭州文三路，我去数码城调换一个U盘，恰巧下起了大雨。路过昌地火炬大楼时，发现楼下有许多人在避雨。有一个小伙子探头探脑，当雨稍小时，他迫不及待地冲进了雨幕。但此时风雨再次大作，又一轮大雨来了。我打着伞，对他喊了一句："哎，咱们拼个伞吧。"小伙子一听，急忙跑到我的伞下，我们一起进了数码城。

我到柜台边调换有故障的U盘，但老板却说是我使用不当造成的，拒绝调换。话不投机，便争执起来，谁也不能说服谁。正吵得难解难分的时候，那个小伙子从远处跑过来，问了情况。然后与老板商量了一会儿，显然他们是非常熟悉的。老板突然转变了态度，给我换了一个新U盘。小伙子又从柜台里拿出一个漂亮的鼠标垫，说："这个是赠送的。"老板看着小伙子，苦笑着说："那以后你买数码产品，可要到我店里来！"

这件事让我的心情为之一爽，没想到一场小纠纷，瞬间春风化雨，阳光普照。

我不敢妄言这就是"善有善报"的大命题，但这真的会让人产生丰富的联想，并且带来美妙的心理感受。所有的"善"是不是这样：无论大小，它的回报都是双份的，一份是行善后的心理满足和快乐；还有一份是得到回报后的惊喜和温暖。这是善的价值。

可爱动人，小善随手可为，何乐而不为呢！

（流　沙）

原谅那个惶恐的少年

那时我读高一，舅舅费了很大的劲儿，才把我从一所普通中学转到重点高中。我走进教室的时候正是课间，老师在混乱嘈杂中，简单地介绍了几句，便让我坐到安排好的位置上去。没有人因为我的到来而停止喧哗。我突然地有些惶恐，像一只小动物落入陷阱，怎么也盼不来那个拯救自己的人。而蓝，就是在这时回头，将一块干净的抹布放在我的桌上，微微笑道："许久没有人坐了，都是灰尘，擦一擦，再放书包吧。"我欣喜地抬头，看见笑容纯美恬静的蓝，正歪着头俏皮地看着我。

第二天做早操的时候，我偷偷地将一块奶糖放到蓝的手中，蓝笑着剥开来，并随手将漂亮的糖纸丢在地上。我是在蓝走远了，才弯腰将糖纸捡起来，细心地抚平，并放入口袋。

蓝是个活泼外向的女孩，她的身边总有许多朋友，是我这样素朴平淡的女孩，永远都无法有的。但是想要一份友情的欲望还是强烈地推动着我靠近蓝。

我将所有珍藏的"宝贝"送给蓝。邮票、书、信纸、发夹、丝线、纽扣。我成绩平平，不能给蓝学习上的帮助；我长相不美，平平无奇；我歌声也不悠扬，不能给作为文娱委员的蓝增添丝毫的光彩；我还笨嘴拙舌，与蓝在一起，会让她觉得索然无味。我什么都不能给蓝，除了那些不会说话且让蓝并不讨厌的宝贝。

起初，蓝都会笑着接过，并说声谢谢。她总是随意地将它们放在桌面上，或者顺手夹入某本书里。她甚至将一个可爱的泥人，压在一摞书下。她不知道那个泥人，是生日时爸爸从天津给我专程买来的。它在我的手中半年了，依然鲜亮如初，衣服上每一个褶皱，都清晰可见。可是，我却在送给蓝之后的第二天，发现它已经脱落了一块颜色。我小心翼翼地提醒蓝，这个泥人是不经碰的。蓝恍然大悟般地将倒下的泥人扶正了，又回头开玩笑道："嘿，没关系，泥人没有心，不知道疼呢。"

这个玩笑，却是让我感伤了许久。就像那个泥人，是我满心欢喜地让它站在蓝的书桌上，等着她爱抚地注视它一眼，可是，蓝却漫不经心地，像扫掉尘土一样，将它碰倒在冰冷的桌面上，且长久地忘记了它的存在，任由尘灰落满它鲜亮的衣服。

我依然记得那个春天的午后，我将辛苦淘来的一个漂亮的笔筒送给蓝。蓝正与她的几个朋友说着话，看我递过来的笔筒，连谢谢都没有说，便高高举起来，朝她的朋友们喊："谁帮我下课去买巧克力吃，我便将这个笔筒送给谁！"几个女孩，纷纷地举起手，去抢那个笔筒。我站在蓝的身后，突然间很难过，而后勇敢地、无声无息地将那个笔筒一把夺过来。转身离开前，我只说了一句话："抱歉，蓝，这个笔筒，我不是送给你的。"

我终于将对蓝的那份友情收回，安放在心灵的一角，且再不肯给任何一个淡漠它的人。

许多年后，我在人生的旅途中，终于可以一个人走得从容、勇敢、无畏，且不再乞求外人的拯救与安慰，这时候，我再想起蓝，方可真正地原谅她。我想原谅蓝，其实，也是原谅那个惶恐无助的年少的自己。

（安　宁）

一下雨就往外跑的人

　　若是说，有这样一个人，只要一下雨，别人都往家跑，他往外跑，你一定认为他是个疯子。

　　没错，很多人都会这样想。

　　一天凌晨，两点多，倾盆的大雨浇灌着这个城市，城市的排水系统很快变得"上气不接下气"，大量的积水汇流成河，一条主干道旁的窨井盖很快被大水冲跑了，无处可寻。

　　这个城市少树，有树，他也不愿意折断树枝，他就一个人穿着雨衣，顶着兜头而下的暴雨，死死地守在缺了盖子的窨井，一站就是两个小时，直到雨停了，天亮了，人们可以发现危险了，巧妙避开了，他再一个一个地给窨井排险，安装窨井盖，疏通管道。

　　换做是年轻人也就罢了，他今年已经54岁，冰凉的雨水从他的头顶直冲下来，他穿的胶鞋里经常被水灌得满满的，他却一动不动，脚被雨水泡得浮肿了，这些还算不了什么，到了夏天，遇雨则多雷，时刻都有生命危险，他依然如故地，不分白天黑夜，一下雨就向外跑。可以说，他是在用自己的生命兑换着别人的安全。

他所做的一切，已经完全超出了职业范畴，而是道德和灵魂的自发。

他叫王玉庭，在天津市一个小排水站工作已经35年。35年间，他不止一次上演着守窨井的活计，很多人见过这个雨夜守井盖的人，一开始，多数人被吓了一跳，看到被雨水淋得恐怖的样子，根本不敢靠近他，都离得远远的。他说，他要的就是这个目的，吓到别人不要紧，若是出现了生命安全事故，就无力挽回了。当人们从他的身旁走过，回头再看那一眼黑洞洞的窨井的时候，再看他坚定的身影，没有一个人不为他的举动肃然起敬。

人们常说，这个一下雨就往外跑的人，跑出去的瞬间，他早已经忘了自己，他的心里装着的全是一颗利人的心。

（李丹崖）

友好的回报

　　1996年儿子出生时，我与一位年轻女子共住一间产房。那天，我记得她也生了一个儿子。我的父母是开花店的，为了给我祝贺，他们送来了鲜花，我们的产房很快就充满了玫瑰花的馨香。

　　当我第七次收到父母送来的花时，开始感到不安。因为和我同住一屋的梅里从来没有收到过花。她坐在床边，身子前倾，欣赏刚刚送来的花。我发现，梅里是个漂亮的少妇，但是，那双褐色的大眼睛里总是闪烁着忧郁，让我觉得她经历了太多的人生苦难和伤痛，似乎在过去，她也只是能够欣赏别人的花。

　　"在这里我一直过得很愉快"，她似乎看出了我的心思，想让我放心似的，"我能在这儿和你住在一起，不是幸运女神的眷顾吗？"

　　不过，我仍然觉得有些不安，要是能有一种神奇的机器，一按按钮就能排解她眼中的忧伤就好了。哦，我想，至少我能让她拥有一些鲜花。那天，父母来看望我时，我便悄悄地让他们送梅里一些花。

　　我和梅里刚刚吃完饭，鲜花就送来了。

"又给你送花来了。"梅里笑着说。

"不，这次不是"，我看着卡片，庄重地说道，"这是给你的!"

梅里凝视了鲜花很久。她用手指轻轻抚摸着那个浅红色的心形瓷瓶，又温柔地触摸每一朵插在花瓶中娇艳欲滴的玫瑰花，似乎想把这一切深深地铭刻在记忆中。

"我该怎么感谢你呢?"她轻声说道。

我有点局促，只是笑了一下，这只是我的一点点友善之意而已。

1996年出生的儿子成了我们夫妻的独子。近十五年来，他用爱和欢笑充实了我们的生活，让我们感到心满意足。但是，2010年四月复活节的那个早晨，在与癌症进行了漫长而痛苦的搏斗后，他静静地离我们而去。

殡仪馆里，我单独与儿子待在一间弥漫着玫瑰花香的屋里，就像当年他出生时那样。一位邮递员直接打电话找到我，送来了一小束鲜花。直到后来，我和家人乘车去公墓的路上，我才看到卡片上的内容：献给约翰·格雷夫斯——与你同天出生在纪念医院的孩子和他的母亲敬上。

这时，我才认出手里这只心形花瓶是很多年前我送给一个忧郁的年轻女子的。如今它再一次插满玫瑰。

我和梅里很早以前就失去了联系。她根本不认识我们的儿子，也不可能知道他得病。她一定是在报纸上看到讣告了。

妈妈坐在我的身边，我把卡片递给了她，她也想起梅里来了。

"这是你对人友好的回报，我的孩子。"妈妈说。

几天后，我和丈夫及家人去公墓给约翰扫墓。那瓶玫瑰还在高高的花圈枝丫上面放着。"真奇怪，谁会送这些东西作为葬礼，"有路人说道，"它看上去像是祝贺新生的"。

"它是祝贺新生的，"丈夫静静地说道，"约翰诞生在永恒的国度了。"我惊讶地看着他。我知道，他这样一个从来不坦率谈及此事的人，说出这些话很不容易。

丈夫拿出鲜花，递给我那只心形的花瓶。我捧着它，就像当年梅里所做的那样，用手抚摸着它，思索着它所蕴含的种种意义。我想，友谊并未随着岁月的流逝而消失。我想起记忆长河中梅里和我之间的感激之情，还有更为重要的——新生的希望，这就是友好的回报。此时，正是这些馈赠在慰藉着我的心灵。

（冰洲石　编译）

人　缘

　　常听人讲：某人有"人缘"、某人没"人缘"。这"人缘"的意思，是指一个人与众人之间的关系。有人缘的人，成功时有人为你祝贺，失败时有人给你安慰；一帆风顺时有人为你祝福，步履维艰时有人给你帮助……无论所处境况如何，你都能感受到爱的温暖，体验到人间的温情。没"人缘"的人则恰恰相反，你的成败得失，别人都觉得无所谓；举手投足，也难以给人愉快的印象，甚至，你越是自我感觉良好，越是洋洋得意，别人就越是觉得不舒服。这种人，是很难得到友情、得到别人的尊重的。人人都希望自己有人缘，而"人缘"的基础必须是真诚。你真实地展示自己，诚恳地对待他人，才能赢得别人的信任。其次你必须谦逊。谦逊的人，别人才愿意接近，才愿意交往，才愿意以心换心。此外，你还得正直无私、开朗热情、幽默风趣、乐于助人……有无"人缘"，看似无关紧要，实际上那是一个人人品高下的一种体现。虚伪、做作、心术不正的人，是不可能有真正意义上的"人缘"的，趋炎附势者，可能会暂时迷惑少数人的眼睛，博得别人的欢心，也有可能使自己在仕途上平步青云，但在群众眼里，他不过是一个卖身求荣的势利小人。心怀叵测者，哪怕他平日口齿伶俐，妙语连珠，人前笑容可掬，表面谦卑，但事关个人利害得失的时候，他还是会原形毕露，显出自己的本来面目。骄横狂妄、目中无人者，自私自利、贪得无厌者，心胸狭窄、斤斤计较者，无论他们水平如何，能力怎样，群众都会嗤之以鼻，拒之千里……

还有这样一些人，遇事总怕得罪人，无正义感，无原则性，一味地"和稀泥"，当"老好人"，以维持表面的一团和气。这些"老滑头"，看似有人缘，但群众对他们的印象，经不起时间的考验。相处久了，人们会发现他们的平庸和无能，发现他们的行为所带来的负效应，发现他们实际上是一些可有可无的"多余的人"。

追求人缘，不能放弃原则，不能以牺牲工作利益和共同的事业为代价。一个人只要正直无私，处事公平，哪怕他们的行为触犯了别人的切身利益，得不到别人的理解，暂时得罪一部分人，但日久见人心，被得罪的人一旦从中悟出了道理，理解了你的用心，他们会更敬重你，更佩服你。万一对方是一个顽固不化的"小心眼儿"，不可救药的"无赖"，你也大可不必为此去伤神、苦恼，人生在世，想任何人都不得罪，想与所有的人都保持着良好的关系，也是不可能的，是不切实际的空想，相反地，得罪少数人，有时能使你赢得更多的人，

达尔文说，"谈到名誉、荣誉、欢乐、财富，这些东西，如果同

友情相比，都是尘土"。你要得到"人缘"，要获得尽可能多的友情，你就必须全身心地去投入，去热爱别人，热爱你所生活的这个世界。只要认真做人，做一个正直无私、真诚谦逊的人，你就能得到人间最真挚的友情。

（沈常青）

君子不念旧时恶

"人非圣贤，孰能无过"？当别人有对不起自己的地方时，是对此耿耿于怀，寻机报"一箭之仇"？还是宽宏大量，"宰相肚里能撑船"，不念旧恶，善待别人？这是我们每一个人在现实生活中都要面临的课题。而我们的古人也曾给我们留下了许多"君子不念旧时恶"的佳话。

相传唐朝宰相陆贽，有职有权时曾偏听偏信，认为太常博士李吉甫结党营私，把他贬到明州做长史。不久，陆贽被罢相，贬到明州附近的忠州当别驾。后任的宰相明知李、陆有这点私怨，便玩弄权术，特意提拔李吉甫为忠州刺史，让他去当陆贽的顶头上司，意在借刀杀人，通过李吉甫为难陆贽。不想李吉甫不记旧怨，上任伊始，特意与陆贽把酒谈欢，使那位当朝宰相借刀杀人之计成了泡影。对此，陆贽自然深受感动，便积极出点子，协助李吉甫把忠州治理得一天比一天好。李吉甫不搞报复，宽待了别人，也帮助了自己。

再如，宋代的王安石对苏东坡的态度，应当说，也是有那么一点"恶"行的。他当宰相时，因为苏东坡同他政见不同，借故将苏东坡，贬官到了黄州，搞得他好不凄惨。然而，苏东坡胸怀大度，不念旧恶。王安石垮台后，两人的关系反倒好了起来。他不时写信给隐居金陵的王安石，或共叙友情，或讨论学问，十分投机。苏东坡从黄州调往汝州时，还特地到南京看望王安石，二人结伴同游，促膝谈心。临别时，王安石嘱咐苏东坡：将来告退时，要来金陵买一处田宅，好与他永做睦邻。苏东坡也满怀深情地感慨道；"劝我试求三亩田，从公已觉十年迟。"两人成了知心朋友。

在这方面最典型的例子莫过于开创"贞观之治"太平盛世的唐太宗李世民了。李靖任隋炀帝的郡丞时，最早发现李渊存图谋天下之意，亲自向隋炀帝检举揭发。李渊灭隋后要杀李靖，李世民反对报复，再三请求保他一命。后来，李靖驰骋疆场，征战不疲，安邦定国，为唐朝立下赫赫战功。魏徵曾鼓动太子建成杀掉李世民。李世民同样不计旧怨，量才重用，使魏徵觉得"喜逢知己之主，竭尽力用"，也为唐王朝立下了丰功伟绩。

由此观之，只要"不念旧恶"，善待曾对不起自己的人，必将感化过去为"恶"者，促使其改"恶"从善。这将有助于协调人际关系，为自己创造一个宽松的生活环境，对自己的事业发展也会带来帮助。古人"君子不念旧时恶"的做人处世之道是有其积极意义的。

我们处在一个竞争激烈的社会，人际关系也日趋复杂化。当然，有竞争社会才会发展进步，然而竞争又是无情的。君不见，现实生活中，为了追逐某种利益，许多多年的朋友、同志反目成仇，互相攻讦，甚至因小忿而酿成悲剧。据报所载，南方某大学，一位姓林的讲师和一位姓张的讲师原先关系不错，后来为了争评高级职称，双方发生了矛盾。林某向学校科研处揭发张某提交的科研论文是抄袭之作。张某知道后，到科研处澄清了这件事，而把对林某的怨恨记在心里。后来有一次路遇林某，见他正与人交谈，怀疑林某又在背后说自己的坏话，因此，张某怒从心头起，拿起手中的暖水瓶就向林某的头部掷去，结果林某被砸成重伤，住进了医院。张某后悔不已。再如，几年前，在全国范围内引起极大轰动的两位著名歌唱演员的诉讼案，不也是因为双方在工作和对人处世方面有那么一点矛盾、误会，以致后来酿成一场旷日持久的官司，搞得双方心力交瘁。这场官司虽早已划上了句号，但据知情者透露，事后双方都很后悔，不就那么点事吗？要是能有一点容人之量，采取一点"高姿态"，妥善地化解矛盾，捐弃前嫌，也不致硬要对簿公堂，搞得沸沸扬扬，对工作、生活、事业造成那么大的损失。由此可见，为人处世中"不念旧恶"，不仅能避免生活中多少尴尬和无奈，而且能为自己赢得一个好人缘，一份好心情。如果人人都能有这样的修养，我们的社会该多么和谐美好，生活该是多么轻松愉快。

当我们有对不起别人的地方时，多么渴望能得到对方的谅解啊！多么希望对方把这一段不愉快的往事忘记啊！那么，将心比心，我们为什么不能用宽厚的态度去对待他们呢？只要我们这样做了，得到的必将是对方的内疚、自责和感激，必将是顺畅的工作环境和祥和的人际关系。

当然，"不念旧恶"并不是不讲原则，不要批评。我们提倡处理人民内部的矛盾应在坚持原则的基础上，通过批评和自我批评，达到新的团结，反对那种对别人过去的错误、过失耿耿于怀的小肚鸡肠的态度，要学习古人那种"不念旧恶"的雅量，这才是一种真正的君子风度。

（黄中建）

信任的距离最短

　　记得小时候，有一次父亲带我去看马戏，看见那些在高空中飞来飞去的人抓住对方送过来的秋千，万无一失，我真是佩服极了。"他们不害怕吗?"我问父亲。"他们不害怕，他们知道对方靠得住。"父亲转过头轻声说。

　　是的，生命中不容出错，彼此都必须顾及对方的安全。我们的生活也是如此。人活在世上需要信任别人，犹如需要空气和水。我们如果不信任别人，对人便无法诚恳；我们如果戴着面具，不能真诚对人，试想那会有多么拘束和难受。一天到晚都提防着别人，会害得我们心神疲惫。要想受人爱戴，你就得先信任别人。有了信任才会有爱。

　　心理学家说:"我们不但可以防护别人，而且在许多方面也会影响别人。"信任或防范，能铸就别人的性格。如果和信任我们的人相处，我们会放心自在。

　　英国南部有一个监狱，狱长的太太差不多每天都到监狱里去。犯人活动的时候，她的孩子往往和他们一起玩，她也和犯人交谈。

别人总是提醒她提防点儿，她说她并不怕，也不担心。

因为她信任那些犯人，她所表现出的一切言行都是真诚而又善意的，犯人们喜欢她，他们可以与她平等地交谈、说笑，心与心之间是畅通的，没有什么隔膜，他们相处得很好。当有一天她突然病故后，消息立即传遍了监狱，犯人们都聚集在大门口表示哀悼。看守长看见那些犯人默默无语难过的样子，便把狱门敞开。从早到晚，犯人们排着长队到停放遗体的地方去向她作最后的告别。他们的四周并无高墙、电网，但是，他们没有一个人逃跑或做出什么出格的事来，告别之后，他们都回到了监狱里。这就是犯人们对这位老太太表示出的敬爱，因为她在世时曾经信任他们。

人与人之间需要彼此的信任，而彼此相处得融洽与否，全靠信任的程度。老师要是能使落后的学生相信他对他们满怀好意，那么，他的教育就成功了。精神病学专家往往要把主要精力和时间用在劝导精神错乱的病人信任他们之上，只有这样才能够动手治疗。人对人必须怀有好感，彼此信任，个人的工作和学习生活才不至于过得缺少生机和快乐。

那么，我们为什么这样难以互相信任呢？这是因为我们害怕，害怕上当受骗、害怕遭到别人的拒绝或嘲笑，于是，"逢人且说三分话，未可全抛一片心"。在交往中戴着面具，虚假地亲热、用心地设防、无缘地猜疑、盲目地算计、糊涂地封闭。

信任别人的人，日常待人接物是与众不同的。有一次我听到一个人形容他所认识的一个女人："她见到人便伸出两只手来迎接，仿佛是在说：'我从内心深处信任你！和你在一起，我就觉得心里非常高兴！'而当你离开她的时候，也会感到自己心里非常愉快，甚至有种依依不舍的感觉。"

不相信别人，就很难做成大事。你发出怎样的信息，就得到怎样的回报。你希望别人怎样待你，你就怎样待人——真情付出，心灵交汇。所以，心与心之间最短的距离就是信任。

（樊富庄）

走下去，你还有双完美的脚！

2010年10月10日晚，中国达人秀总决赛圆满落幕，断臂青年刘伟凭借一曲钢琴合唱《You're Beautiful》夺得总决赛冠军，他的坚强意志和不卑不亢的生活态度，感动了亿万国人。

1987年出生的他，从小便热爱足球，希望长大能成为一位职业球员。可是，十岁那年，一场噩运突然降临到他的身上——因和伙伴们玩捉迷藏而被电击，他失去双臂，成为一名残疾人，从此与足球之梦失之交臂。

在一段时间的忧郁与沉闷之后，他毅然决定要与命运抗争，在阴霾与黑暗中重新站起。他学会了用脚写字、吃饭、刷牙、电脑打字等，并参加了北京残疾人游泳队。最初的游泳训练是异常艰难的，跳进水里仿佛如同跳进岩浆。正常人手脚并用游泳，而他只能用腿，成绩远远落后的同时还经常呛水。但他并没有向困难低头。没有手，他就努力练习加强腿部力量；没有手，他就用牙齿咬住绳子；没有手，他就在腰上绑上塑料保持平衡。宝剑锋从磨砺出，梅花香自苦寒来。2002年，在武汉举行的全国残疾人游泳锦标赛上，他一举夺得了两金一银；又连续于2005年、2006年获得全国残疾人游泳锦标赛百米蛙泳项目的冠军。

命运的残忍就在于给了他完美的开局，又很快无情地吹响终场哨声。由于长期的体力透支，免疫力下降，他患上了过敏性紫癜，整个腿部和脖子都是绿色的，并不排除得白血病的可能。母亲吓坏了，含泪乞求老天的怜悯。所幸，经过四处医治，他的病终于治好，可他以后再也不能进行剧烈运动，游泳之梦被终结。

19岁那年，他放弃了高考，开始转学钢琴，因为于他而言，音乐是他的梦，它有一种足够震撼的、鼓舞他积极向上的力量，他想通过音乐来赢得别人的认同与青睐。母亲起初极力反对，可在他的坚持下，母亲几经挣扎终于答应了，带他去一所私立钢琴报名学习。出人意料的是，学校校长很直白地对他们母子说："我们学校对学生要求很严格，正常人我们都要选漂亮的，更何况是一个残疾人。你来了，等于影响我们的声誉与校容。"他听后，立即笑着回答："谢谢你们如此歧视我，迟早有一天我会让你们看看。"

可是，正常人用手学钢琴都特别难，更何况是用脚去学。第一次学弹，他连基本的"举手之劳"的高度都无法做到。坐椅没有靠背，整个人保持不了平衡，弹上几分钟，便会觉得异常劳累。由于脚趾大拇指的宽度宽，弹的时候会带键，引起连音，起初，他茫然得无从下脚，后来他尝试着让脚弓着，用侧面脚尖来弹，双脚经常磨出血泡。别人用一只手可以按八度，而他的脚只能达到五度。经过刻苦训练，他终于可以用两只脚来按键，然后迅速切换回来。经过一年坚持不懈的练习，他的钢琴水平达到了七级！

他的琴音，带给人们最柔软的触动，直抵心灵深处；他的双脚，灵活无比，成了琴弦上舞动的最优雅的精灵。

生命免不了遭遇狂风暴雨，承受巨变与打击。面对落魄与坎坷，只要迎接阳光的热忱之心还未泯灭，终有一天能走出阴霾，冲破黑暗的云霄，迎来全新的曙光。

（陈晓辉）

从室友到密友

　　我总是邋遢。我并不觉得这样有什么不好。我常说，天才，尤其是创造性的天才都是不拘小节的。因此，我认为，大大咧咧的性格非但不是我的缺点，而恰恰说明我将来是一个干大事成大器的人。然而，进了大学以后，我的室友可不这样认为。

　　我不知道我怎么会和凯英住到一起的。我们是完全不同的两个人。她做事井井有条，她的每样东西在她心中都有一个标签，用过之后总是会回到某个固定的地方。而我的抽屉里面经常乱七八槽，杂乱无章。

　　我和凯英格格不入。她越来越整洁，我越来越邋遢。她抱怨我脏衣服老是不洗，我反感她把宿舍弄得到处都是消毒水的气味。她会把我的脏衣服推得离她远远的，我则会在她收拾整齐的桌子上乱摆上几本书。

　　有一天，我们俩终于爆发了一场大战。那是十月的一天晚上，我已经躺在床上睡觉了，凯英回到宿舍发现我的一只运动鞋（那天刚运动过，气味确实不小）居然在她的床下面（我也不知道怎么会这样)。她勃然大怒(我不理解她何苦为一只鞋子生气),捡起我的鞋子朝我的床扔了过来。结果鞋子将我的台灯砸倒,掉落到地上,灯泡碎了,碎玻璃溅到我脱下来的衣服里(我脱下来的衣服随手扔在地上)。我跳下床,冲她大喊大叫,对她无礼的行为表示强烈不满。她也不甘示弱,同样冲着我大喊大叫。我们相互什么绝情的话都说了。

我相信,要不是一个电话,我们同宿舍的日子绝对不会超过一天。就在我们各自躺在床上互不理睬的时候,电话铃响了,凯英接的电话。我听得出这不是一个好消息。我知道凯英有男友,从凯英的话中我听出男友要与她分手了。虽然她的失恋不是我造成的,但是由于刚刚与她吵了架,我总觉得心里有些愧疚。我对她产生了同情。毕竟,对于任何女孩子,失恋都是一个难以独自一人跨过去的坎儿。

我坐直身子,关注地看着凯英。只见她放下电话,钻进了被窝,用被子蒙住头。随着一声低沉的呜咽,那被子就抖动起来。压抑的哭声从蒙得严严实实的被子里传出来,把整个屋子灌得满满的,也触动了我心中柔软的地方。我不能无动于衷了。可是我该怎么办呢?我不想走到她身边去安慰她,一来怕她不接受,二来我也有小脾气——我心中对她的气还没有消呢。

我有了一个主意。我起身下床,悄悄地收拾宿舍。我把散乱在桌上的书插进了书架,将她丢在地上的衣服挂进了衣橱,还洗了几双已经放了若干天的臭袜子。接着我拿起了扫帚，认认真真地扫起地来。忽然，我看到凯英正看着我。不知什么时候，她把头从被窝里探了出来。我估计她看着我好久了，只是我非常投入地做事，没有注意到她。她的眼泪已经干了，眼神里透出了惊奇。我打扫完宿舍，走过去，坐在她的床边，拉住了她的手。她的手是温暖的，而过去我一直认为她这样过于理性的人都是冷血动物。我看着她的眼睛。她对我笑了，说："谢谢。"

凯英和我后来一直都是室友。我们相处得很好。因为通过这件事情，我们得出了一个公式：克己+恕人=和睦相处。

（邓笛　编译）

尊贵的签名

那是一次难忘的笔会。主办单位准许每个与会者带一名家属，于是，原本只有十几个人参加的会议一下子拥有了三十多个与会人员。

人员刚好凑满了一车。大家一路欢歌，去风景佳绝处犒劳眼与心。

身边坐着的，有好几位都是用优质的精神食粮喂养过自己灵魂的名家，为了这次幸运的相逢，也为了留下一份恒久的纪念，我摘下旅行帽，请各位老师签名。我的儿子也仿效了我的样子，摘下帽子，请大家一一签名留念。

到了饭店，我和儿子交换帽子，欣赏对方邀来的珍贵签名。我惊奇地发现，儿子帽子上的签名远比我的丰富。仔细看看，原来，他让那些"名家"的爱人、孩子也一个不落地全都签了名！

突然心中黯然，感觉自己输给了孩子。

真的，我怎么就没有想到让名家的家人也来签个名呢？我的眼睛，只管瞄着那些"重量级"的人物，而忽略了那些我叫不上名字的人，我不知道他们原来也是愿意在一顶帽子上欢快地留下一点墨痕的。

笔会结束回到家，我举着两顶帽子给我家先生看，我说："很显然，现在，儿子这顶帽子比我这顶帽子有价值。我感觉自己好笨，竟不懂得生活在名人身边的人其实是更有看点的。"我家先生让儿子逐个读他帽子上的人名，并讲清这些人谁和谁是怎样的关系。我没想到，儿子在介绍了几位作家之后，居然念出了两个我听起来十分陌生的名字。我纳闷儿地问他："这两个人是谁呀？"儿子一笑，得意地说："不知道了吧？告诉你，这是导游和司机的名字！"

是那两个一路上被我们唤做"小王"和"小陈"的人的名字！

在灯下，我虔敬地端详那两个名字——导游小王竟像那些大腕明星一样弄了个花式签名；司机小陈的名字写完后显然认真描过，笔画很粗，一丝不苟。

噢，名字，尊贵的名字！

想想看，所有的名字起出来不都是为着供人呼唤与铭记的吗？为什么我竟然把签名这么简单的事想得那么复杂、那么功利？当我在饭店看到孩子有着丰富签名的帽子时，我也曾"黯然"，但我的"黯然"却来得那么低俗。我痛感自己错过了获取"更有看点"的人签名的机缘。我为什么总是怀揣着一个沉重的"目的"去行事、去思想？在这过程中，我的眼睛漏掉了什么？我的心灵遗忘了什么？

多么欣赏我的孩子，他完全忽略掉了同行者的身份与背景，只把他们看成纯粹的旅伴。唯其如此，他的那顶帽子才拥有了不菲的价值。

（张丽钧）

无悔的搀扶

　　他今年15岁，还是一名刚入学不久的技校生。2011年10月16日放学后，他在骑电动自行车回家的路上，遇到了一件十分棘手而尴尬的事情，险些把他推上被告席。

　　这天下午4点多，一位女士被另一辆载着货物的电动自行车撞倒后，肇事者逃逸。随行其后的他停下来，与别人合力将摔倒受伤的女士扶起，并挪至路边坐下。然后，他掏出手机，拨打110、120请求救援。正在这时，稍稍清醒过来的女士一把抓住他的裤腿："你不能走，是你撞了我。"他没有多想，知道这只是一个误会。

　　警察随后赶到，女士也被抬上了急救车，呼啸而去。女士因左腿两处骨折，住院治疗需要不少钱。女士的家属也嚷着让他赔钱。

　　消息传到他的家里，妈妈听说儿子遭到诬告，由一位救人者变成了"肇事者"，车子也被警察暂扣，感到非常难以接受。

　　处理这起事件的警察犯了难，说："躺在医院里的女士一口咬定，就是他撞的，如果你们能找到两个或两个以上的目击证人站出来作证，证明他就是救人者，而不是肇事者，对处理这起交通事故起到至关重要的作用。"

事至此，似乎呈现些许转机。然而，接下来的事却出乎意料。发生这起事件的路段，正是繁华喧嚣的商业中心，一路两侧布满店铺，尤其上下班高峰期人流如织。谁才是他们要找的目击者呢？

十多天过去了，每天中午在人流稠密时，妈妈领着儿子，一家店铺、一家店铺地询问和寻找，有的人说我看到了，不是你儿子撞的人，他是做好事，但一听说要到交警大队去做笔录、按手印，却没有一个人愿意去。妈妈身体不好，患有高血压，平时靠骑车送报纸赚钱和低保度日。自从儿子"出事"之后，一想到有可能承受数万元的现金赔偿，她夜不能寐。

他和妈妈经受着寻找目击证人的煎熬和压力。直到2011年10月27日，警方将监控资料、伤情鉴定和肇事车辆等证据送往专业鉴定单位做声像处理、痕迹鉴定等，检测结果均显示伤者左腿骨折不是与他所骑的电动自行车接触所致。事件终于真相大白，尘埃落定，但影响并没有结束。2011年10月31日，交管大队经过认真调查得出结论，他被排除交通事故肇事者嫌疑后，有热心市民为他送来大红锦旗，有关部门还给他送来了慰问金。

经历半个多月的煎熬，他眉眼弯弯，依然爱笑，很乐观。记者问他："经历这次事件和误解，你后悔过吗？以后碰见这样的事，你还会做吗？"他没有丝毫犹豫，斩钉截铁地说："我不后悔，以后碰到了还会去做，因为在当时情况下，如果我不下车主动去扶她，过路的车子依然会撞到她……"

他就是此次"搀扶门"事件的主角,年仅有15岁的武汉少年张聪。少年张聪用自己的行动和坚持,赢得了公众的敬意和钦佩。

助人不言悔,原来在茫茫人世间,总有一种善良让人无怨无悔,终生坚守。

(迩半坡)

今晚把世界关掉

　　傍晚，一对小夫妻吃过晚饭，女的照例坐在了电脑前。有很多网友在线等着她呢，这些从未见面的网友，幽默、风趣、浪漫，比她现实中的朋友有意思多了，她和他们似乎有着说不完的话。总之，每天晚上，她都很忙很忙。男的也没闲着，打开上网本，浏览了几个网站，发了几封电子邮件，然后，点开常去的游戏网站，专心致志地玩起了网络游戏。半夜了，两个人终于互相说了一句话，该睡觉了。女的关掉了台式电脑，男的合上了上网本。两个人躺在床上，又各自掏出自己的手机，打开。夜色中，两只手机，发出同样清幽的蓝光。女的说，我看看QQ还有没有好友在线。男的说，我再发几条微博。这样的场景，一定有很多人都感到熟悉。

　　当我们以为与世界越来越亲密的时候，我们可能正与自己的亲人，因为欠缺沟通交流，而越来越疏远；当我们以为离天边越来越近的时候，我们其实与身边人正越来越远。有时候，关掉一些诱惑，是为了另一个渠道，畅通，无间。就在今晚，把世界关掉，让心回来，安然入睡。

（孙道荣）

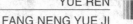
好人的幸福指数

他曾是一位军人，复员后在北京市运输公司第七分公司招待所当所长。23岁那年，单位的油库着火，在扑救大火中，他负了伤，做了开颅手术。术后落下了脑萎缩、腿部残疾等后遗症。出院时，他被告知"只能活两三年"。

他很沮丧，因为他还很年轻，他不能就这样在家里等死。他决定利用自己的剩余时间去做点善事，给社会留下一点美好的记忆。让他没有想到的是做善事儿是一件很幸福的事情，他做起来就放不下，以至于"死神"也把他忘记了。

他做的第一件善事是在他出院后不久的一天上午。这天上午，他拄着拐杖，步行去清河医院取药。途中，天降暴雨。一家农户的院子里传出了凄厉的哭声。原来，一位名叫王芳的小女孩误喝了农药，口吐白沫，生命危在旦夕。他二话没说，抱起王芳就往医院跑。可是，刚跑几步，他就倒在了暴雨中。他右腿残疾，举步维艰。但是他没有放弃。因为他知道自己稍微慢一会儿，怀中的小孩儿就可能失去生命。于是，他左膝跪地，左手撑地，右手抱着孩子，在暴雨中向清河医院爬行。他整整爬行了4里路，才把王芳送到了医院。王芳得救了，而他却悄悄地离开了医院。

这件事对他影响很大。那几天，他的心情特别好，病情也似乎有了明显好转。爱人问他乐啥，他不说。因为，他觉得做善事就要像雷锋那样不图名不图利。

他做的第二件善事是在2002年的一天傍晚。这天傍晚，他在圆明园东路一处河堤散步。忽然，他发现有母子二人正在河水中挣扎。原来这位姓涂的母亲带着刚满2岁的儿子在这里散步。儿子不慎落入水中，救子心切的涂女士忘了自己不会水，跳入水中救子，结果连自己也陷入了绝境。他纵身跳到了水里，可由于跳得太猛，他的头被石头磕破，脚被一根钢筋戳了一个洞。他忍住疼痛，奋力向落水者游去。他先把小孩托出水面，又用力把涂女士推到了岸边。他抱着孩子上了岸，自己已经成了一个"血人"。涂女士感激得热泪盈眶，询问他的姓名。他说："我叫什么不重要，你们平安就好！"他说完就转身离开了涂女士母子。

一晃6年过去了。2008年，北京奥运会召开。他报名参加了环卫志愿者，加入到义务清理城市"牛皮癣"的队伍。电视台采访他，他在电视里大谈对城市环保的看法和建议。没有想到，他在电视上一露脸，涂女士就认出了他，《北京晨报》以《母子六年踏遍京城寻恩人》为题，报道了他们三人相聚的场面。不仅如此，这篇报道又牵出了他27年前做的第一桩善事。王芳的母亲通过《北京晨报》的照片认出了他，特地让王芳登门拜谢。他看到当年救的小女孩儿已经长大成人，他的心里感到特别幸福。

当然，最让他感到幸福的是他的善心得到传递。为了解决路人雨天出行困难，他准备了许多爱心伞，在雨天免费发给人们使用。雨伞内侧写有他的手机号码，上面还有一句话："爱心伞给您温暖，用完后，请您放在一个地方，给我打电话，我会自己去取。"可是，每次他去取伞的时候，爱心伞往往会变多。最多的一次，受益者借了1把伞，归还了100把。这让他非常感动。

他的名字叫刘学军，人称"京城好人"。刘学军并不富裕，一直靠退休金生活。但是他三十年如一日，坚持做善事。他的善心感动了妻子，妻子退休后，也跟他一起做起了善事。

"赠人玫瑰，手留余香。"刘学军相信，做的善事越多，幸福指数就越高。

（杨金华）

爱和家的永恒结体

　　他，陈礼国，一位将军。她，黄晓琳，一个美丽的女教师。他和她，从相爱到结婚没有什么故事。爱，是从成为夫妻才正式开始的。

　　他从事的是高危且须严格保密的军事高科职业，无数次与死神擦肩而过。她隐约知道，所以十分担心。每天在他上班时她都要拥住他，用眼睛叮嘱他千言万语，他深深理解，只能一遍遍点头。然后，她从拥抱到慢慢松开，再拉住他的手，最后一点一点放开指尖，看着他一步一回头地离家渐行渐远。

　　没有什么表白和承诺，因为他和她，从有了共同一个家的那一天开始，就强烈地意识到：爱就是两个生命在一间房子里成了一个生命，结体而存没有你我。

　　可是，他和她的这种担心仍不乏甜蜜的生活，却在1996年被打破了。那年7月她突发脑溢血，住院抢救后失忆。在部队的命令下，他不得不专职照顾妻子了，难得的24小时全陪。在那一年多的日日夜夜里，所有医生和护士都被他感动得流过泪。一个将军，照顾妻子的许多细节功夫连护士也难以做到。他陪妻子60多次进高压氧舱，已经失忆而不认识他的妻子，却还是只有他在身边时才不哭不闹；他一刻也不离妻子，连上厕所也是跑步来回；他睡觉也是趴在病床边，醒着时就是不停地说话，不管她能否听懂，只管说；他学会了按摩，学会了打针，学会了医生加护士的全方位护理。因为，不认识他的妻子，只有他做这些事的时候才乖，才有笑脸。

医生说他妻子的病不可能康复，他不管，该做的还是照做。一年后的一天早上，他照例给妻子喂饭时，妻子不吃，呆呆地看着他，慢慢地，眼泪从妻子的眼中流出，接着，妻子抓住他的手，说："回家……"激动至浑身颤抖的他，在妻子"家"字出口时突然放声大哭！铁血将军，从来不哭的将军，一下子哭得像个孩子！

他背她回家，很快，这个家又有了生气，医生说她最多只能再活5年，他不信。爱在，家在，她就不可能不在，面对尚未完全清醒的她，他将医院的全套护理继续下去，仅每天按摩和练走就要9个小时。两年后，她终于会走路会说话了，他一边上班一边继续一样也不能少的护理工作，又是整整10年！

2006年，妻子再次发病，并因脑部出血过多成了植物人，医生说这次是真的不能醒过来了，到极限了。所有亲朋全都劝他放弃，他吼："夫妻一体，怎么放弃？"

他不仅是一如既往地全面护理，而且又多了两个项目，一是每天在妻子耳边讲一个开心的故事，二是每天给妻子做三次美容面膜！

他不仅要等妻子醒来，而且要让妻子醒来时看见自己还是那么漂亮！他天天做，整整5年！

2011年9月，他在为妻子做美容面膜时，分明看见妻子微微娇笑了一下！虽然只是闪电般乍现即逝，似为幻觉，但他仍坚信希望就在前方！所有人都不信这个奇迹，可他信。最不争的事实是：这15年他不仅是在极限的努力中，而且是在极限的幸福中。因为，他将爱做到了最好，妻子也做到了最好。在医学一次次的残酷判决中，妻子不还是活在他身边？爱和家的永恒结体，是决不会分散开来的，因为爱本身就是超越一切常理的奇迹！

（狴　月）

助人是一种能力

当我还是个孩子时，每周六我都会跟着妈妈去当地的公共图书馆。《灰姑娘》是我最喜欢的一本童话书，我总是借了又还、还了又借，它看起来已经属于我的私人财产了。事实上，图书馆是有规定的，一本书不能连续借很长时间，否则其他读者就很难借到。

一个周六，图书馆馆长奥巴马夫人把我叫到借书处，她递给我一个包裹，用和蔼的语气对我说："这是送给你的礼物。"我迫不及待地打开，原来是一本崭新的《灰姑娘》。从此，我拥有了自己最心爱的书。

15岁时，奥巴马夫人为我安排了一份在发书桌旁边工作的活儿，这里成为我此后数年每周末逗留的地方。当我在书库中推着车子穿行时，我能够听到书车轮子的声音，我深深陶醉于这个令人着迷的世界中。

一天早上，这充满魔力的寂静被打破了，一位生气的女士猛地关上目录卡抽屉，重重地用脚踢了一下桌子。这在罗森斯公共图书馆中是极其不寻常的事情，因为从来没有人会在这里发这么大的火。

"我无法相信"，她非常不满地说，"这么大的图书馆怎么没有一本关于心理学的书！真让人窝火！你们怎么敢把这里叫做图书馆。"她的声音传出去很远。

此刻只有我一个人在场，我怯怯地说："以前在书架上放过有关心理学方面的图书。"

"真的？"她打断我说，"但在卡片目录上一本也没有。0本！真荒唐！这里是否有成年人在上班？"

"他们正在开会"，我惴惴不安地低声说，"但我可以帮忙。"听到我这么说，她跺着脚走回到书卡目录旁，我温顺地跟在她后面，"你在看什么？"我问。

"哦，年轻的女士，你认为我究竟在看什么呢？"她一边猛地拉开目录卡抽屉一边回答说。她拉开的是"S"开头的抽屉。

"噢"，我平静地回答，"或许我们应该尝试一下另一种拼写法。"我温和地把她领到"P"开头的抽屉旁。很快，我们就找到了她要的书。

几十年后，我正在赫尔诺食品公司排队，看到一位女士买了许多种廉价食品，包括一箱子最粗黑的面包。当收银员通过收银机记录她的物品时，这位女士反复问总共需要多少钱，她翻看着钱包，看样子她的钱不够了。她当时的表情很尴尬，也十分可怜，不得不恳求收银员把黑面包放回原处。我实在看不下去了。

"请原谅，夫人"，我边说边在手推车和口香糖货架之间弯下腰。"这钱一定是你刚才掉的。"我从口袋中掏出5美元递给她，假装是在地板上发现的，她最初拒绝接受。

"哦，不是我掉的。"她平静地回答说，"这钱不可能是我的。"

"噢，这钱也不是我的，今天你真幸运！"我回答说，伸手把钱递给了她。

在那一瞬间，我意识到我学会帮助别人是数年前在那个图书馆中开始的。奥巴马夫人的友善告诉我，帮助别人也要有技巧，这能让他们不失尊严地退出危难境地。它需要创造力、耐心，有时还要以另外的处世方式看问题。

（王志成　译）

向爱而歌

2011年11月14日上午，她在学校附近的贵友大厦买完东西，刚一出门，就看到一名头戴白线帽、身穿军大衣、脚穿破拖鞋的流浪汉，用手捂着胸口，走路摇摇晃晃，说时迟、那时快，他一下子栽倒在地，不省人事。

很快，那流浪汉四周围满了人，却没有人上前施救。来不及多想，她拨开人群，把手中的东西往旁边一扔，就奔到流浪汉身边。顾不上流浪汉的衣衫褴褛、满身污渍，她双膝跪地，先是对流浪汉进行一番察看，随后叠起双手，一次次地用尽全身力气在他的胸部按压，并不停地在他耳边喊着："醒醒，你醒醒。"按压几次之后，她焦急地摇着对方，却没有一点儿反应。

停顿一下后，她俯身侧脸，贴近他的脸部听呼吸，已经没有了声音。于是，她接着进行心肺复苏的按压动作。过了几秒钟，按压停止，她用手扶正那人脏得发亮的脸，开始做起了人工呼吸。随后，她再次重复做着胸部按压和人工呼吸的动作。

十几秒钟后，流浪汉的头部转动了一下，醒了过来，摇摇晃晃站了起来，甚至没有说声"谢谢"，就不声不响地离开了。随后，她看到对方离去，拾起放在地上的东西悄然返回学校。

意想不到的是，她救流浪汉的过程，被人拍摄了下来，这43秒视频被传到网上，引起广大网民的广泛关注，北京现代音乐研修学院专门为她颁发了"感动观音"公益人物奖，此后她入围了2011 "感动山西"十大人物评选活动，被网友们赞誉为"冬天里的暖风" "心灵最美丽女孩" "中国少年的希望"。

她的名字叫李志敏，时年23岁，北京现代音乐研修学院08级流行演唱系的一名大学生。

华语乐坛著名音乐人崔恕被李志敏的精神所感动，亲自为她量身制作了歌曲《让爱回来》，使她有机会和一线歌手孙悦、庞龙合作。正如《让爱回来》歌词中所唱："让爱回来，让希望回来，让我们守着心底纯真的梦想，别让它离开……"

面对记者的采访，李志敏笑着说："我相信良心，当时我路过了，我上去帮忙了，没有袖手旁观。做人和艺术一样，不可能有捷径，付出多少，你就会得到多少，因为良心和梦想不会沉没。"

爱，就要从我做起。的确，一个人有了爱心，就会怀揣梦想，收获快乐，享受成功。

（老　朱）

那些偶遇，如此温暖

那天是周末，女儿去幼儿园培训班练琴，我在教室外的院子等着。这时，我看见两个老人从大门口走进来。那是一对老年夫妇，都是头发花白，满脸皱纹。老太太腿脚不便，还拄着一根拐杖。尽管如此，老头还是挨得很近，时不时用手扶妻子一把。

两个人的步幅很小，边走边看。我想，他们是在等上课的孙子或者孙女下课吧。只听老头说，这是县直单位育儿园，这是教学楼。他的口吻和语态很像一位导游。经过教学楼，他们并没有停留，老头又兴致勃勃地说，老婆子，里边是儿童游乐园，走，我带你去看看。然后两个人慢慢又向院子里面走去。

这样的情形分明表明，他们只是到此一游的闲散人，并不是接孩子的家长。隔着稍远的距离，我又看见老头边指指点点，边说着什么。老太太顺着他指点的方向，很专注地看。

想来，二老是来城里走亲戚的吧，或者，儿子女儿在城里刚买了房，这才有机会同时进城。老头应该是经常出门，所以对城里比较熟悉。老伴少有空闲，她要照看家里的家禽牲畜。现在，她跟老头一道进了城，老头出于体贴，要带着老伴四处走走，让她开开眼界。在城里，他们走得如此近，比他们此前任何时候都亲密。他们在家时可能也经常磕磕绊绊，吵架、相互怄气，可现在，老头语气温柔，举止绅士，老太太也是一副依顺的模样。

这一对在城里闲逛的农村老年夫妇，是那个周末傍晚我见到的最美的风景。

单位请来一个园艺女工，修剪绿化树木。

这天上班，我绕到最偏僻的小径去办公室。路边的一溜儿十来棵灌木差不多已快被修剪完，断枝败叶零落在路旁。那位女工正在小径尽头对着最后一棵挥动剪刀。奇怪的是，绿化带中间还有一棵显然没有修剪过。难道是她忽略了？经过那位女工身边时，我向她打了个招呼，提醒她漏剪了一棵树。不料，她停下娴熟的操作，说，并不是自己忘了修剪那棵树："那丛树里面有一个鸟窝，窝里有四只小鸟。你看，它们的父母还在旁边急得大叫呢！"我望过去，这才发现有两只黄臀鹎围着那个灌木丛翻飞，鸣叫，声音急切。"我要是剪了那棵树的枝叶，鸟窝就很容易暴露，一些调皮的孩子也许会掏走小鸟。再说，没了遮拦，也不能遮风挡雨。"

原来是这样，这位朴素的园艺女工只是想保护一窝小小生灵。"可是，那棵灌木不修剪，你不是等于没有完成工作吗？你怎么拿工资呢？"她微微一笑："那有什么关系？你们单位面积这么大，需要修剪的树木这么多。等我把所有的树木修剪好，起码也得十天半月。

等那时，小鸟的羽毛都长齐了，应该就能离窝了。等它们飞走了，我再来修剪那棵树。"

哦，这位善良的女工，是想给一窝小鸟宽限时日，让它们能平安地长大。看来，生活固有的粗糙还没有将她心性中最柔软最细腻的部分打磨殆尽，她还有配得上她一双巧手的美好心灵。

我经常去的书店，在双桂巷。

店面不大，门口有一棵扭着腰身的冬青树。树上一人高的横枝上常年挂着一个鸟笼，笼里蹦跳着一只并不会说话的八哥鸟。门口有镏金对联："司马文章元亮酒，右军书法少陵诗。"店内墙壁灰暗，书架是黑漆的木架子，古色古香，有些年头了。

之所以是这里的常客，就是因为这店清雅、养心。

店主是一个七旬老者，瘦，面容清癯，下巴上蓄有灰白色的山羊胡，戴一副老花镜。惭愧的是，我不知老者姓名。最近去的这日，微雨。我去还书，看店的竟不是他，而是他的老伴——经常从家里来为店主送饭，我认识。

出于客套，我顺便问了句："老板呢？"店主人的老伴说："去医院了。"我一惊："病了，在住院？"老太太忙说："那倒不是，他是去看望病人。"

"哦，你们的亲戚吧。"

"哪里。他看的是店里的一个常客。那个人从我们的店开张起，20年来一直都来借书买书。我们家老头子说他总是喜欢买刚上架的新书，从来不买打折扣的旧书，说他是一个真正懂书的人。昨天听另外一个顾客说，那个人住院了，老头子就唠叨着说要去看他。今天去的时候还给他带去了一摞书。他呀，名字呀、是做什么工作的、住在哪里……我们都不知道。"那一刻，感觉一股暖流在我体内激荡，为这个老板，更为这个买书的人。

我偶遇了这样的时刻，见证着他们的美与真、纯与善，还有温馨、朴实和真挚。他们是我偶遇的真正主人，因为是他们赋予了偶遇独具的魅力。我希望，这些偶遇能够经常出现在我的身边，给予我茉莉的浅香，给予我温柔的感动，更给予我一种生活的美好气息，使之环绕心田，丰富心灵。我更希望，在他们偶遇我时，我也能带给他们这样的暖，温润如三月之春。

（赵功强）

成功有时不计后果

　　那是二十多年前的一天，浙江东阳的一位企业家，遇到了著名的大导演谢晋。谢晋当时正在筹划拍摄电影《鸦片战争》，但他苦于没有拍摄场地。"那你们都需要什么样的场景呢？"说者无心，听者有意，他上前问谢晋。

　　谢晋说："我们要旧广州的场景，要一些街道和建筑，包括民居和店铺，要符合当时的风格，能营造出旧社会的环境。可是，现在上哪找这个地方啊？"

　　"要不，我帮你建一个吧？"他脱口而出。

　　谢晋很惊讶，要知道，再建一个旧广州那得花多少钱哪！但他从这个企业家的脸上看到了郑重和真诚。于是，他们一拍即合。

　　散会后，企业家回到了家乡，准备实施这个计划。那是一个偏僻的地方，交通不便，没有一条像样的柏油路，四周是山，信息封闭。对他的举动，许多人都觉得不可思议，认为他是一时冲动，为别人建一个"旧广州"，没有多少钱好赚，一定亏大了。

　　但企业家想的是，自己的公司也需要一些文化设施，如果建好了"旧广州",既可以为谢导解了燃眉之急,以后也可以成为公司的文化设施。至于其他后果,暂时想太多都是无用的。

说干就干,他抛开所有阻力,远离所有非议,"一意孤行"地进行自己的"旧广州"工程。

经过一年的大兴土木,"旧广州"建成了。谢晋在这里成功拍摄了《鸦片战争》,该片上映后,这个地处僻壤的小镇声名远播。不久之后,陈凯歌想拍摄电影《荆轲刺秦王》,于是也找到了这位企业家,希望他能建造一座秦王宫。建造秦王宫投资巨大,他敢不敢接受?企业家从"旧广州"的成功中得到了启示,八个月后,在一片荒山和野地上,一座气势恢宏的秦王宫出现在大家的面前。

再后来,旧香港、清明上河图、明清宫苑、江南水乡、屏岩洞府、大智禅寺、古民居等一些庞大的工程相继在这个小镇上建了起来。许多大牌导演如张艺谋、王家卫、徐克、李少红、尤小刚、胡玫等纷纷前来拍摄影视,于是在此产生了《英雄》《汉武大帝》《无极》《满城尽带黄金甲》《投名状》《功夫之王》《雍正王朝》《天下无双》《天下粮仓》《小李飞刀》等影视名作。

如今,这个小镇已闻名天下,每天都是剧组云集,明星璀璨。街市繁华,书店、网吧、酒吧、茶馆比比皆是,小吃、饭馆南北风味俱全,夜生活五光十色。可谓是明星面对面,一日游千年,成了一处独具魅力的"中国乡村休闲之都",被美国《好莱坞报道》杂志称为"中国好莱坞"。

这位企业家叫徐文荣，这个小镇叫横店。

很多时候，成功是不计后果的，左顾右盼、犹豫不决只会让你错失良机。人生路上，一旦决定目标，就不要瞻前顾后、患得患失，而要勇往直前，把5%的希望变成100%的现实，最后迎接你的，或许就是意想不到的惊喜和成功！

（白露为霜）

美丽的心

　　我们一行人去欧洲访问，团里有一位王先生给我留下了极其深刻的印象。为了显得精神，出国前，他特意染了发。由于染膏质量不好，他抱怨说头发脱色厉害，但他想得很周到，随身带了一块大枕巾，睡觉的时候拿别针把枕巾别好，一点也不会染污异国的枕头。有人跟他开玩笑说：王兄，你可真注意国际影响啊！他说：我怕给人家弄脏了枕头，怕人家说，瞧，这就是中国人枕过的枕头。

　　一位同事的婆母去世了，我们前去吊唁。

　　我们约略知道小区的所在，以为这就可以了。因为根据以往的经验，想要找到办"白事"的地方并不难，因为一来要放哀乐，二来要打纸幡的。但是，我们的车在小区里转了半天，硬是没有找到那个同事婆母的家。后来，我们只得打电话询问门牌号。

　　我们问那个同事，为什么把"白事"办得这么悄无声息？她流着眼泪告诉我们说：我婆婆是个处处都为别人打算的人，临终前，她特意把两个儿子叫到床前，嘱咐他们说，记着，我死后千万不要放哀乐，也不要打纸幡，因为楼下的孩子刚刚满月，隔壁的小夫妻结婚还不到半年……

下楼的时候，我们看到许多人站在楼道里，默默垂泪，给这位好人送行。

"最分散的团圆"——你会觉得这个句子奇怪吗。

一个姑娘，就要做新娘了，她想邀请她亲爱的哥哥来参加自己的婚礼，但是，哥哥早已在一场车祸中丧命了，但是（又一个但是!），哥哥还是来参加了她的婚礼!

你可能觉得这样的故事太离奇，可它就发生在太阳底下。原来，哥哥去世之后，他的家人把他的器官分别捐献给了五个人，那五个人在获得了这份珍贵的捐献之后，得以继续存活，哥哥的生命也得以在那五个人身上延续。所以，在妹妹的婚礼上，"哥哥"便以这样一种特殊的方式前来祝福。

"最分散的团圆"，它是用来安抚世界上所有不幸的"哥哥"的，也是用来安抚世界上所有不幸的"妹妹"的。只是在那一刻，"不幸值"被会爱的人降到最低，低到可以进入"幸运"的疆界。

一位小学特级教师应邀到外地讲课。大礼堂里坐着上千名听课者。

学生是临时从附近学校里"借"来的，孩子们既兴奋又紧张。要读课文了，孩子们齐刷刷地举起了小手。

老师随意点了一个胖胖的男孩，这个孩子一开口就把句子念错了。老师柔声提醒他看清楚再念，他居然结巴起来。邻坐的一个男生忍不住笑了，举手想替这个同学读，但老师没有应允。老师耐心地鼓励胖男孩重新再来，胖男孩的额头渗出了汗水，总算把那个句子念顺当了。老师示意他坐下，然后，走到那个发笑的孩子身边，问他：你想评价一下他的阅读吗？那个男孩站起来，伶牙俐齿地说：他急得出了满头大汗，才把一个句子念好了。老师说：应该说，他为了念好一个句子，急得出了满头大汗——请你带个头，我们一起用掌声鼓励他一下，好吗？

在我看来，这位非凡的老师给了弱者尊严，给了强者仁爱，更给了所有孩子看世界的眼睛。

（张丽钧）

一路情同手足

　　她出生在普通的工人家庭，她出生那年，哥哥12岁。哥哥出生后因高烧不退导致脑瘫，12年后，为了儿子有个伴，年老时有个依靠，母亲冒着高龄生育的危险，生下了她，因此她一出生就带着一份特殊使命。

　　果然，不负父母的期望，她从小就没有同龄孩子的娇气，刚刚学会走路，便开始学着妈妈从饮水机上给哥哥倒水喝，还用一块小手绢垫着哥哥的下巴，使哥哥的衣服不被弄湿。从两岁起，她就成了照顾哥哥的小帮手，每天给哥哥擦口水、倒尿盆，做力所能及的事。

　　因为脑瘫，哥哥咀嚼能力很差，无法咀嚼米饭等较硬的食物，只能吃流食，每次吃饭，妈妈都要花费很长一段时间，像燕子喂食一样，先把饭菜在自己嘴里咬碎嚼烂，再一勺一勺地喂到哥哥嘴里。

　　这天，妈妈刚刚做好哥哥最爱喝的蛋花汤。她看见哥哥急着想喝的样子，就学着妈妈的样子，先把汤吹凉，再喂给哥哥。一开始两人配合得还算顺利，可等到她给哥哥吃香肠的时候却出了意外。

由于肌肉痉挛，哥哥的嘴巴无法开合自如，一旦咬住东西就死死地不松口。当时，她的动作稍慢了一点，来不及把手指抽出来，一下被哥哥的嘴巴咬住了。哥哥无法控制自己的行为，越着急咬得越紧，竟把她的手指咬破了。

她开始识字时，也开始教哥哥识字。虽然哥哥不会说话，不会走路，但是她和哥哥的交流却毫无障碍，还创造了一套独特的交流方式。哥哥想吃肉就会摸摸腮帮，想喝水就会指指喉咙，想吃包子就会用手捏一捏，再做一个圆圈的手势，比画成半月形就是想要吃饺子。2008 年世界杯足球赛时，一家人都在看电视剧，她看到哥哥的脚丫直往上踢。她知道这是哥哥想看足球，立即把遥控器拿过来，切换到世界杯足球赛。小小年龄，她就成了哥哥最忠实的"翻译官"和"执行官"。

贫困的家境没能给她提供良好的学习和生活环境，但她从小已显露出过人的艺术天赋。两岁时，她就多次参加各种文艺演出。3 岁时，她在电影《美人依旧》中扮演了周迅的童年。此后，先后拍摄了十几部影视剧和广告，还是儿童服饰"喜姿郎"品牌代言人和儿童摄影"快乐天使"形象代言人，成为舞台上光环萦绕的小童星。

多年来，给哥哥治病成为她当"明星"的最大动力。只要有拍片的机会，无论多困难她都在所不辞。4 岁那年，她接了一个广告。正值三月，春寒料峭，人们还穿着厚厚的棉衣。而且，拍摄地点选在海边，还要泳装出镜，她的妈妈拒绝在这样的环境下拍摄。但她却一口答应下来，很快换好了泳装，虽然在海风中冻得瑟瑟发抖，但依然绽放出灿烂的笑容，坚持着完成拍摄任务。

她就是刘梦怡，11岁，青岛市四方区洛阳路第二小学学生。她用稚嫩的肩膀撑起一份浓浓的亲情，先后获得2011年中国十大孝子、全国十佳百强女孩等荣誉称号。

如今，她有个最大的愿望，就是希望长大以后，给哥哥治好病，能让哥哥开口叫一声"妈妈"。

刘梦怡，一个天使般的女孩，她让人们相信，亲情就是一路情同手足。

（朱吉红）

你不能头发蓬乱地走出我的店

刮了几阵风之后，雨说下就下了。

他悠闲地坐在椅子上，看着门外。开店十几年来，这个时间段，本来就没什么生意，他已经习惯了一天中这段闲散的时光。忽然，一个人影匆匆忙忙地走到屋檐下，显然是躲雨的。他的理发店坐落在新区，周边几乎都是厂区，除了一条条长长的围墙外，沿街还真没什么可以躲雨的地方。

雨借风势，斜扫，不长的屋檐，根本遮挡不住风雨。躲雨的人往店里瞄了几眼，终于没有推门进来。他站起来，走过去，拉开门，对那个人说，别站在外面了，衣服都淋湿了，进来坐会儿吧。躲雨的是个年轻人，看看他，犹疑地说，那会影响你的生意吧？带着一口的外地口音。他笑了，这时候也没啥生意，再说，也没什么影响。年轻人抖抖身上的雨水，跨了进来。

他指指身边的凳子，示意年轻人坐下。年轻人说了声谢谢，坐了下来，一边摘下眼镜，用衣角擦拭干净后，又戴了起来。他拿了一条毛巾，递给年轻人，擦擦脸吧，小心受凉了。年轻人感激地笑笑，接过毛巾，将脸擦干净，又擦了擦湿漉漉的头发。他注意到，年轻人的头发长而蓬乱，一看就是有段时间没有理发了。他将毛巾重新挂好，问年轻人，看样子是来找工作的吧？年轻人告诉他，去年就毕业了，一直没找到固定的工作。他安慰年轻人，别急，总有希望的。年轻人若有所思地点点头。

他又和年轻人闲聊了几句。外面的雨，一直在下。

他上下打量了一下年轻人，忽然站起来，拿起架子上的理发布，对年轻人说，坐着也是坐着，不如我帮你理个发吧？年轻人一听，神色慌张地直摇头，我只是进来躲躲雨的，不理发，如果我影响你生意的话，我可以站在外面屋檐下躲一会儿。年轻人说着，就要站起来。他一把按住年轻人，没关系，我不会强迫你理发的。反正我现在也是闲着，没有生意，帮你把头发简单地剪一剪，你会看起来精神一些，也许对你找工作有利。年轻人脸红红地憋出一句话，我也知道我的头发太凌乱了，可是，不瞒您说，我的身上只剩下几十元钱了，我真的没钱理发。他笑了，小伙子，你误会了，我不收你的钱，也不瞒你说，我学理发时间也不长，这个店也刚开不久，你就当给我练习一下，如果剪得不合你眼光，你还要多包涵。他善意地撒了一个谎。年轻人抬头看看他，摘下眼镜，狐疑地点点头。

他将理发布罩在年轻人身上，拿起剃刀，开始帮年轻人剪头发。

他一边修剪，一边和小伙子闲聊。不一会儿，就将小伙子的头发剪好了。小伙子戴上眼镜，看见镜子里的自己，显得年轻、干练，多了很多精气神。小伙子笑着说，师傅，你的手艺蛮不错的，不像是刚学出来的啊。他笑笑。小伙子手伸进外衣口袋，掏了半天，掏出一张五元钞票，递给他，嚅嚅地说，不好意思，我只能付给你这么多，你别嫌弃。他推开了他的手，板着脸说，我说过权当练习，怎么能收你的钱呢？小伙子腼腆地收起了钱。

雨终于慢慢小了，停了。小伙子向他告辞，并承诺如果找到工作，今后就都到他这里理发。他拍拍小伙子的肩膀。目送小伙子一脸精神地走出他的理发店，他笑着嘟囔了一句：不管你是谁，你都不能头发蓬乱地走出我的理发店，这是一个理发匠的根本呢。

（麦　父）

每个生命都值得尊重

朋友在小城最繁华的地段，开着一家高级糕点店。由于他家的糕点松软可口，甜而不腻，有着一种淡淡的清香，所以店里生意出奇地好。

有一天，店里来了一个神情疲惫、衣衫褴褛的流浪汉。小伙计见状，颇不耐烦，正欲起身轰他走。正好朋友从里面走出来，他赶在伙计前面，满脸笑容，走到男人跟前，深深地鞠了一躬："欢迎光临。"把男人让到店里供客人休息的椅子上，并亲自捧来一杯热气腾腾的普洱茶。

男人喝完茶，犹豫着用颤抖的手从贴身衣袋里摸出几枚一角的硬币，神情窘迫地说：我想买一块蛋糕。小伙计有些吃惊和怠慢。这时，朋友开口了："请您稍等。"说着，他亲自把店里刚出炉不久的价格最贵的蛋糕切了五块，将其中一块递到男人手中。在接过钱的同时，又深深地鞠躬："感谢光临！"

男人惊愕地问："老板，几角钱，能买这么多？"

朋友温和地笑着说："这是店里昨天卖剩下的蛋糕，特价，您的钱刚好够。"

看得出男人在竭力掩饰着心中的激动，他双手捧着蛋糕，高高兴兴地出了门。

目睹了这感人的一幕，心瞬间柔软起来，如荷叶上的一滴露，濡湿了，眼里立刻浮起了濛濛的水雾。

设身处地，就愈发觉得朋友了不起。亲自接待他，深深地鞠躬，有感激、有悲悯、有爱心，更有细心，而且饱含着理解和尊重。对于困境里的人来说，理解和尊重是难能可贵的，这不仅是一个生意人的经营之道，更体现了人际交往中，一个人立身处世的胸怀和气度。

如果我们都能以朋友的姿态尊重他人，善待每一颗心，那么我们的心灵就会常常有清泉流淌，时时有花香弥漫，人生就会变得快乐和充实。

（张燕峰）

欠什么也别欠下祝福

在快餐店点好菜，到收银台结账的时候，收银员一如往昔地向我报以微笑。这并不美丽却彰显着愉悦的微笑，总能让我在片刻的等待中获得愉快。很奇怪，今天她找给我的零钱中有一只千纸鹤。这是一只用面值一元的纸币叠成的千纸鹤，她高兴地告诉我："这是幸运物，所以我没拆！"说话时脸上挂满了比平常更喜悦的笑容。

我接过零钱，往皮夹里装，轮到这只千纸鹤的时候，发现没有空间存放，于是脱口说道："没地方放，给我换枚硬币吧。"话音未落，我就已经后悔，她脸上的喜悦也瞬间被尴尬覆没了。

这位收银员是这家快餐店里长相最出众的年轻女孩。我因为服从公司调派，来此地已近两年，这两年里每天都要来这儿用餐。随着时间流逝，我和她渐渐变得熟悉，虽然总是无暇交谈，但总会在结账时相互报以微笑，以示友好。有时候我加班来晚了，她也总会提醒柜台："菜留点，还有个熟客没来。"当我姗姗来迟，就会听到柜台打菜的阿姨问她："你说的就是他吧？""嗯！"伴随应答的笑容让人赏心悦目，再多的工作烦恼都会在这样的热情里消融。

热情的微笑被冷眼冷语淋湿，难免会让热心人倍感尴尬，冷语者也会心怀愧疚。这样愚蠢的事情今天却被我碰上了。更让我不安的是，我拒绝了"希望给你带来好运"这样的美好祝愿。走出餐厅，我不禁自责：浑身上下六七个口袋，难道就装不下一份祝福吗？

因为熟悉才会有率真的表现，哪怕一只小巧的千纸鹤，都代表着真诚的祝福。在我短暂的执教生涯中，类似的轻巧却饱含诚挚感情的祝福物件，都被我保存至今。

执教小学一年级那年的教师节，我收到了学生们送来的礼物，其中有一件我十分喜欢。一个小男孩自制了一张节日贺卡，送给我时还在贺卡外面套上了用绘画纸粘的信封，足见其用心深刻。当然，这有可能是父母教他的，但贺卡上的内容，却都是他亲笔所写、亲手所画。他用我教的拼音，表达对我的祝福。我看过立即合上，生怕内心的感动从眼里溢出来，只笑着自语："这小家伙！"

那个节日我过得非常愉快，即使是感动让眼皮变得像鸡蛋皮一样脆弱，也紧紧地裹住了眼泪，和他们笑得同样灿烂。这些心智未启的孩子正眨巴着眼睛看着我呢，他们想知道，他们的祝福是否让老师感到快乐？而我领了他们的好意，就不应该欠下这些祝福。

多少年后，我依然保存着这份美好，时常翻出卡片来瞧瞧，虽然再也不如当时那般感动，却总是不断地在烦闷和失意时劝诫自己：保持快乐吧，别亏欠了这番好意。

（郑百顺）

不要吝啬播撒你的爱

有人说，每一个少年的心都是痒的，他需要一双手来挠他，你一挠，山青葱，水漾动，少年的心从此萌生远大的火种。

我也曾带着沉沉的痒从少年的河边走过，那时候，我内向、寂寞，甚至因为生在农村，很自卑。我不敢和城里的孩子交往，怕听见他们说肯德基、麦当劳，怕他们说杰克·琼斯、美特斯·邦威，怕听他们在抽屉边缘从容地吃薯条的咔嚓声，怕看城里女孩洋娃娃一样的眼睛……

那是一段苦闷的岁月，我把自己的想法全部写在了一篇作文里，然后，过着依然故我的学生时光。直到一周后，一位名叫黄风云的老师揭发了我的心境，她在第一堂作文课上不仅把我的作文当做范文来朗读，还对我作文里心境描写的细腻大为称道。

黄老师念我作文的几分钟，我感觉耳边像是过着一列轰隆隆的地铁，脚下踩着的是熊熊的火，我的脸红极了。然而，我真要感谢黄老师，自此开始，熬过了那难耐的几分钟，我从此变得豁达了，也找到了自信，可以说，这篇作文彻底改变了我的心境。后来，我逐渐迷上了写作，多年来，灯下的夜色里，第一声鸟啼的晨光里，一直是一个个坚毅的文字激励着我走过尴尬的岁月。

现在想想，我多么感谢黄老师的那双巧手，她在我年少的韶光里，为我恰当地挠了那么几下，彻底催化了我羞涩自卑的心。

近期，在读一本名叫《美丽一生的5项法则》的书，作者黛尔·海顿是美国的名模和电影演员，现已年近花甲，看起来仍保留着少女一样轻盈的腰身和饱满的面容，许多人问她美丽的秘密是什么。在黛尔·海顿的书里，我注意到了一个细节，从而发现了关于她美丽的全部奥秘。冬天来的时候，黛尔·海顿会为大街上乞讨的人买羽绒服，无论老幼中青。很多人说，那些乞丐都是假的，甚至说很多乞丐在家里都住着洋楼。黛尔·海顿从不被这些所困扰，她说，我只相信自己的眼睛，眼睛不会欺骗我，即使眼睛欺骗了我，良知也会抚慰我。

好一个被心灵抚慰的人，心灵深处开满美丽之花的人，这花容也会反映在她的面容上。黛尔·海顿用自己的行动在暗示着我们，当这个社会都在忙着打假的时候，唯有一件事不需要打假，那就是赤诚的良知和善念。

生命是一条亟待照亮的隧道，我们一路跌跌撞撞地摸索着前行，很多人都在碰着壁、跌着跤，唯有爱，可以给我们一支火把，让我们一路点燃隧道壁上那一盏盏善良的灯火，引领我们不断走向光明。

看过一则新闻，在一列火车上，一个歹徒拿着匕首劫持了一个年仅四岁的孩子。最后，这个孩子被一个邋遢的中年人舍命救下，这个邋遢的中年人为救孩子身负重伤。据车厢里的人回忆说，那个邋遢的中年人浑身发着汗臭，人们都不敢靠近他，唯有那位素昧平生的中年女人愿意和他坐在一起，还给了他一桶新泡出来的泡面。

那个女人正是被劫持孩子的母亲。

其实，无论何时何地，永远不要吝啬播撒你的爱，就像面对春天的土壤，我们不吝啬种子一样。

（李丹崖）

我要马上告诉你我爱你

有位朋友的父亲两个月前突然过世了。朋友伤心欲绝，他是个很内敛的人，不太善于表露情感。

父亲在世时，他在外地求学，父亲在家中务农。从小到大，他与父亲之间，说不上亲，也说不上不亲，反正就这么淡淡的。

他很少往家中打电话，一来频繁打长途的确费用不菲，二来他觉得前方的人生路还很长，多少话以后不能对父亲说呀？可是他万万没想到，父亲就这样突然地、永远地离开了他。

清明愈近，他心中愈难过。最近他几乎夜夜梦到父亲。特别难过时，就向我这个朋友倾诉。我安慰他，世上任何人都难逃亲人离开之痛，这是自然规律，不要太伤悲，伤了身体也是亲人不愿看到的。

朋友说他明白这个道理，可是就是感觉特别遗憾，父亲在世时吃苦受累，几乎没过上一天好日子……我说那不能全怪你，你还在读书，尚未立业，还不具备经济能力，物质上你的确不能给父亲更多。

可是他说：说到精神上，我好后悔没跟父亲多多沟通，每次打电话回家，我跟我妈说几句就挂了，其实我知道父亲在旁边想跟我说话的，但我总觉得跟他没什么好说的，说了他也讷讷的。

直到他突然永远离开了我，我心里那句搁了许多年的话总是想跳出喉咙，然而，却永远没有人听了。这句话就是：爸爸，我很爱你！

朋友说每次想到这里，都心如刀绞。

听了朋友的诉说，我想起一句话：假如你今晚就要离开人间，来不及与任何人道别，那么你最遗憾没有向谁讲明什么事？你喜欢谁，你牵挂谁，你惦念谁，为什么你到现在还不肯向他表白呢？

是的，我们总认为人生长得没有尽头，前路漫漫无涯际，还有多少话不能留到明天讲？

可是往往，我们错了。

当你爱恋的人，当你牵挂的人，突然某天杳如黄鹤之时，你才如梦方醒，可惜就算心已碎、泪成灰，也追不上那个已然飘远的身影。就像下面这个年轻人，永远也追不上所爱者的灵魂。

我们从小就被告知要矜持，要内敛，要"爱也不要说出口"。因为怕说出口了，万一对方拒绝或是换来的是冷漠，我们脆弱的心无法承受。我们宁愿默默地把自己当成一把"梳子"：

让我就像一把梳子，梳理着你为爱分岔的心情；让我就像一把梳子，装扮你被泪水打湿的样子。我不在乎你是否注意我，我以这样默默的方式爱你一辈子。

表面上，似乎觉得这样可以维持一种"和谐"局面，事实上，我们的内心在翻江倒海，痛苦难挨。更可悲的是，你这样默默在乎对方一辈子，对方却浑然不知。直到你发觉自己或对方突然走到了生命的终点，已经永远覆水难收。

就像转了一辈子圆圈，最后又走到了起点，没有任何意义。

所以，"爱我就快自首，现在正是时候／快坦白你感受，把孤独交给我拯救／爱就是一个最好的理由，不要皱眉头，不要再刻意防守。"

如果，我是说如果，你勇敢地说了"爱"，而他给你以拒绝，或给你以冷漠。这也没什么可丢脸的！你可以不卑不亢地告诉他：爱你，是我自己的事，与你无关！

然后，丢给他几行诗：

"你念，或者不念我，情就在那里，不来，不去／你爱，或者不爱我，爱就在那里。不增，不减／你见，或者不见我，我都在时光的河流里，不喜，不悲。"

这个"爱"字，是宽泛的爱。爱情、亲情、友情，皆涵于内。

当生命走到终点，你若可以安然地对自己说：此生，我爱过、恨过、哭过、笑过、痛过，我已无憾。那么，你实在是有福。

（纳兰泽芸）

尊重他人即伦理

　　每个人都有受尊重的心理需要。"所谓伦理，一言以蔽之，曰：尊重对方。"又想到一个外国小故事：纽约某商人在大街上看到一个衣衫褴褛的铅笔推销员，出于怜悯，他塞给那人一元钱，然后走开了。不一会儿，他返回来，从卖笔人那儿取出几支铅笔，并抱歉地解释自己忘记取笔了。临别时他特别强调：你跟我都是商人，你有东西要卖。半年后他俩再次相遇。这时那卖笔人已成了业绩不俗的文具推销商。他感谢纽约商人：你重新给了我自尊，告诉了我——我是一个商人！能施舍固然是有爱心的表现，但能激发被施舍者奋发图强的自尊心和进取心无疑更好。

　　陈丹青在2008年作过一个"教养与人文"的演讲。他说：通常所谓教养，第一条，总得有礼貌。礼貌首先表现为一种对他人在礼节形式上的尊重。美籍华人靳羽西在回答"如何在现实生活中当好一名绅士"时说：就像英文Sendeman（绅士）一样，首先是一个Rende（有礼貌的）的人，会为别人着想，尊重他人。她还说：任何礼仪的出发点都是为他人着想。如果好好地理解这句话，就会明白很多道理。只要你知道如何为别人着想，你就能知道该怎么样去做了。1994年联合国教科文组织召开了第44届国际教育大会，提出和平文化的理念和培养世界公民的目标。和平文化所标举的伦理价值，第一条就是"尊重生命、尊重人、尊重人的尊严和权利"，尊重他人，伦理的精义在焉！

爱人者，人恒爱之；敬人者，人恒敬之。按常情常理，人的内心都渴望得到他人的尊重，但只有尊重他人才能赢得他人的尊重。送花的人周围满是鲜花，长刺的人身边都是荆棘。大文豪萧伯纳出访苏联时，和一个聪明活泼的小姑娘玩了很长时间。分手时，他对小姑娘说：回家告诉你妈妈，今天和你一起玩的是世界著名的萧伯纳。小姑娘看了他一眼，学着他的口气说：回去告诉你妈妈，今天和你玩的是苏联美丽的小姑娘喀秋莎。这童言使萧伯纳大吃一惊。后来他把这件事作为教训，发誓要尊重他人。

是否懂得尊重他人，是检验道德品行和伦理教养的一大标尺。平等是一种生活方式，而对他人的尊重是平等待人的应有之义。

（范　直）

童心集合：接送恩师的队伍浩浩荡荡

他们，他们一起，一起推着轮椅，从学校到老师的家，从老师的家到学校，一寸一寸测量那段上坎下坡、坑坑洼洼的山村土路。

他们，是一群天真烂漫的孩子，最大的13岁，最小的8岁。

轮椅上的老师叫桑国有。

国有很小的时候就得了一种怪病，从小学四年级开始，他常莫名其妙地嚷嚷腿疼，有时甚至走不成路，要大一点的同学搀扶他，甚至背着他。3年后，他的双腿开始慢慢变细。母亲领着他看遍了三里五村的医生，谁也诊断不出他得的是什么病。

1971年，20岁的桑国有高中毕业，被推荐到本村黎园沟小学当了民办教师。

怀着美好的梦想，桑国有满腔热情地扑到了教学上，立志献身山村教育事业。然而，就在他发奋工作的时候，病魔一直在无情地折磨着他。腿疼的时候越来越多了，双腿越来越细，越来越没有力气。他不得不拄上拐杖，一瘸一拐地走在山间小道上。后来，病情更加严重，双腿神经麻痹、知觉迟钝，行走变得异常困难，稍有不慎就会摔倒。

从家里到学校，桑国有要走两里多的山路，其间要经过两道沟、上下四个大坡。走完这段路，常人只需要十几分钟，可桑国有却要走上近一个小时。每走一步，他都如履薄冰，他必须选择相对平坦的地方落脚，否则，一个坑、一个洼，就会使他失去平衡；一个核桃大小的石头，踩上了就会摔倒。上坡时，他半走半爬，累得气喘吁吁，大汗淋漓；下坡时，他必须用拐杖使劲撑住前方的地面，才不至于滑倒。

最艰难的是雨雪天气。山村的土路，下了雨就遍地泥泞，一步一个大坑。从家里赶到学校，桑国有早已成了泥人。

身体的残疾给桑国有带来了巨大的精神痛苦。他哀叹过，痛哭过，但一来到学校，一站到讲台上，他就又露出了笑容。孩子们一口一个"桑老师"，声音甜甜的、嫩嫩的，使他感到莫大的骄傲和幸福。

所以，无论风霜雪雨，都无法阻止他的脚步。每天，他总是第一个到校，最后一个离校；中午，他不回家，也没有时间回家，因为往返需要两个多小时，学校里没有伙食，他就用白铁皮自制了一个饭盒，让学生从他家里捎饭。

日复一日，年复一年，在崎岖不平的山路上，桑国有不知道自己摔了多少跤，反正身上常常青一块紫一块。他只知道，学生的课他从未耽误过一节。

　　拐杖换了一根又一根，学生送走了一届又一届，桑国有的教学成绩年年都在全乡的评比中名列前茅。

　　1985年4月的一天清晨，桑国有像往常一样，早早地出发了。

　　已经下了两天的雨，还在淅淅沥沥地下着。山路一片泥泞。桑国有拄着拐杖，小心翼翼地起脚、落脚，一步步向前挪动着。他弓着身子，尽量降低重心。

　　但他还是摔倒了。在下一个大坡时，他脚下一滑，跌倒在泥水里，脑袋撞到一个有棱有角的石头上。

　　鲜血，顺着他瘦削的脸流了下来。他挣扎着试图站起来，但连续数次努力都失败了，最多只能蹲着。

　　突然间，他感觉到双腿一丝力气都没有了。他最终没能站起来。从此，他再也没有站起来过。

　　血还在流，头钻心似的疼，浑身都沾满了污泥。他想回去包扎一下伤口、换身衣裳，但时间已经来不及了。"就是爬也要爬到学校！"他咬紧牙关。

　　于是，他蹲着身子向前挪动，但这种"走法"，只能是在相对平坦的路上。上坡时，他必须一点点地往上爬；下坡时，他干脆横着身子让自己往下翻滚……

　　学校里，五年级的26个孩子正目不转睛地盯着窗外。上课的铃声已经响过了，窗外濛濛细雨里没有那熟悉的身影。每到雨天，同学们都为他们的桑老师担心。

一分钟，两分钟，五分钟……从不迟到的桑老师还没有露面。课堂里渐渐骚动起来，同学们都在猜测老师为什么还没有来。

"桑老师!"坐在前排的一个小女孩惊叫起来："桑老师!"

孩子们这才发现，桑老师已经来到了教室门口，他蹲在地上，只有平时的一半高，所以大家都没有看到他。

"桑老师!"孩子们争先恐后地围上来，"你流血了! 你头上流血了!"

他吃力地笑了笑，上气不接下气："椅……椅子!"他示意孩子们把他扶到讲台的椅子上，

满脸是血，浑身是泥，他被扶上讲台，扶到椅子上坐下。他让学生到他办公室里拿来毛巾，擦了擦脸，擦了擦手，然后，他说："对不起，老师迟到了，现在上课。"

孩子们哭了，所有的孩子都哭出了声，26个孩子的哭声集合在一起，是一种惊天动地的朗诵。

整个学校都被惊动了，校长劝他回家休息，他笑着拒绝了。

中午，他像往常一样没有回家，学生到他家里取来了换洗衣服。

下午，他继续上课。放学了，他回到办公室，正准备批改作业，忽然听到窗外叽叽喳喳的声音很响。

是五年级的学生，黑压压的一片围在门口。

最前边的男生韩清山推着一辆独轮车："老师，您不能走路了，我们送您回家!"

孩子们个个神情严肃，脸上挂着晶莹的泪珠。

没等他回答，孩子们已经把他扶上了独轮车。

雨，还在密密地下着，独轮车上路了，一个男生双手紧握车把，车的左右两边各有两个男生握住横梁向前推着。余下的21个孩子，紧紧地跟在后边。

26个孩子，26颗童心，在心爱的老师再也站不起来的时候，自发地紧急集合后，集合成一支浩浩荡荡的队伍，浩浩荡荡地上路了。

遍地泥泞，被他们踩在脚下；沟沟坎坎，被他们甩在后边。所过之处，独轮车留下的深深的辙痕，马上又被孩子们的脚窝代替了。

车辙，是孩子们大大小小、深深浅浅的脚印。

"老师，以后我们天天送您回家！"一个孩子说。

"老师，以后我们天天接您上课！"很多孩子说。

独轮车上的桑国有热泪横流。

天真纯洁的孩子们一诺千金。从此，每天早上，他们提前1个小时接他上课；每天下午放学后送他回家。

不久，孩子们自己商量后进行了分工：16个男生分成3组，轮流接送；女生负责中午给老师带饭。

五年级的学生毕业了，四年级的学生上了五年级，自发地接过独轮车。

年年如此，岁岁如斯。一届又一届学生毕业了，孩子们与孩子们之间，完成了一度又一度的爱心接力。

一切，都是孩子们自作主张；一切，都在孩子们之间悄悄进行。

每天，从家里到学校，从学校到家里，都是孩子们推着独轮车，帮助心爱的老师一点点测量山村的沟沟坎坎。

遇到暴雨、大雪等恶劣天气，孩子们推着独轮车极不安全，桑国有就住在学校里，每到这时，孩子们就会从自己家里带来饭菜，到老师家里取来被子，和老师一块儿吃住。晚上，桑国有给孩子们辅导功课。

桑国有天天都被感动包围着。他拼命工作，整个身心都扑到了教学上。他觉得，唯有如此，自己才能回报学生的爱。

每天，他都要在煤油灯下备课、批改作业到深夜（由于家贫，一直用不起电）。他自制了大量的教具，他在不断地探索适合农村孩子的教学方法。他精心准备每一节课，精心讲解每一节课。功夫不负有心人，他的教学成绩连年在全乡名列前茅；他所教的毕业班，每年都有60%以上的学生考入重点中学——这个比例在当地乡村小学中遥遥领先。

黎园沟的乡亲们说："把孩子交给桑老师，俺一百个放心！"附近各村的不少农民，竟也想方设法把孩子转学到他的班上。黎园沟的第一个大学生田振军临行前专程到他家里拜谢："桑老师，没有您，我就考不上大学！让我再推您一次吧！"田振军推着独轮车，从家里到学校，从学校到家里，那条熟悉的山路上，他曾经和伙伴们推着独轮车测量过一次又一次，历经一个个春夏秋冬，历尽多少风霜雨雪。

为了使黎园沟的孩子都能上学，桑国有蹲着"走"遍了山山岭岭。哪个孩子辍学了，他马上就来到这个孩子的家里，苦口婆心地劝说家长。家长被感动了，连忙到他家里推来独轮车，送他回家，并保证："桑老师，就冲你跑这一趟，再难俺也要送孩子上学！"对于家庭特别困难的孩子，桑国有就从微薄的民师补贴中拿出钱来，替学生交学杂费、买学习用品。田春环三姐妹，从小失去母亲，家里揭不开锅，桑国有用自己的钱供她们读完了小学。

1988年秋的一个阴雨天，同学们在送桑国有回家途中，由于山路太滑，在下一个大坡时，孩子们控制不住，他连人带车翻倒在深深的山沟里。同学们全都吓哭了，慌忙喊来了家长，才把他送回家中。经诊断，系左臂粉碎性骨折，医生让他休息一个月。孩子们带着鸡蛋、母鸡来看他了，流着泪说："老师，您好好养伤，我们一定好好学习！"可是，不到一个星期，他胳膊上吊着绷带，让人把他推到了学校，又回到了讲台上。桑国有的突出事迹渐渐引起方方面面的注意。1990年，他被邀请参加"许昌市主人翁风采演讲会"。虽然他紧张得语不成句，但他的事迹还是感染了所有在场的人，掌声几度淹没了他的声音，很多人流下了热泪。

1991年，包围他的是铺天盖地的荣誉：禹州市、许昌市劳动模范，河南省十佳自强模范、"五一"劳动奖章获得者、全国优秀教师……接着，他转为公办教师，并光荣地加入了中国共产党。

也是在1991年，他得知自己患了"进行性肌肉萎缩症"。之前，他一直没有钱到大医院就诊。这一年，在政府的安排下，医学专家对他进行了会诊。专家说，他的病难以进行有效治疗，肌肉萎缩的范围将会越来越大，直至生命终结。

桑国有深感自己的生命不会太久。他担心，哪一天他突然躺下了，连独轮车也不能坐了，他就再也不能走上讲台，再也不能和心爱的学生在一起了。

于是，他更加拼命地工作。学校、学生成了他生命的支点、生活的全部。

1991年9月，转了6年的独轮车彻底地坏了，再也转不动了。桑国有拿出政府奖励他的600元钱，买了两辆轮椅。

推轮椅仍然需要5个人，但比推独轮车要省力多了。二年级的小男孩儿坐不住了，纷纷要求加入接送队伍（桑国有一直教二、五年级的数学）。五年级的大哥们并不同意，但最终没有拗过倔犟的小弟弟，把他们也编了组。

独轮车变成了轮椅，不变的是孩子们的童心。秋去春来，花落花开，一群又一群孩子，推着轮椅，推着轮椅上的恩师，踏过坎坎坷坷，穿过风风雨雨，在那个偏远的小山村，在小山村崎岖不平的路上。

十几间低矮破旧的青砖瓦房，围成一个四合院，静静地卧在一个小山坡上，这就是黎园沟小学。

1999年7月的一天，记者访问黎园沟。

上午，五年级数学；下午，二年级数学。桑国有每天都这么忙碌着。由于操劳过度，肌肉萎缩加快，他浑身越来越没有力气，如今只能坐在轮椅上讲课。板书时，他右手写字，左手吃力地按着黑板，不一会儿就累得满头大汗。

今天值班接送的是第五组：五年级的高云鹏（13岁）、高自伟（12岁）；二年级的尹亚东、朱自强、韩贵贵（均为9岁）。

"吱扭""吱扭"，5时45分，5个孩子推着轮椅，出发了。

高云鹏、高自伟个子高，力气大，扶住轮椅的靠背；朱自强、尹亚东扶住前方的横梁；上坡的时候，韩贵贵在后边往上推。

出了校园，就是凸凸凹凹的土路，但大势还算平坦。大约走了100米后，左拐、下坡，坡上有很多大大小小的石块，孩子们身体后仰，脚撑住地面，一点点往下滑动。

一个急拐弯。这时候，后边的两个"大个儿"显得尤为重要，高云鹏、高自伟一齐用力，把轮椅的两个后轮抬离了地面，然后右折。

上坡。一个长约20米的陡坡。朱志强、尹亚东在前边用力拉，高云鹏、高自伟在后边用力推。

记者连连按下快门。可是，镜头里没有韩贵贵。他在轮椅靠背的后边，被挡住了，镜头里看不到他。上坡时，小贵贵是最累了。好在下坡和平路时，他用不着推，可以休息一下。

过了这道陡坡，路面陡然变窄，孩子们每走一步，都小心翼翼。

途中，孩子们很少说话，偶尔喊一声配合的口令："一二！""慢点！"

桑国有一刻也没有闲着，他双手用力摇着车把（车链可以带动前轮），尽量为孩子们节省力气。

6时25分，历经40分钟的艰难丈量——不，是"寸量"，一寸寸地量完的——终于到了桑国有的家。

孩子们个个大汗淋漓。桑国有心疼地说："现在修了路，两道沟填平了，坡也缓多了，过去，孩子们比这要累得多啊！"

孩子们把桑国有推到院子里，他的老母亲拄着拐杖迎了出来，对着几个孩子一个劲地喊："孩儿啊，孩儿啊，累坏了，累坏了……"

老人已经85岁了。十几年来，为了不耽误儿子教学，她每天天不亮就起床做饭，从不间断。

桑国有没有房子，所谓的家是三间石洞，洞内光线昏暗，洞顶已被油烟熏得乌黑乌黑。

"老师再见！"孩子们把老师从轮椅上扶下来，向老师告别。

"再见！"桑国有蹲在地上，向孩子们挥了挥左手，他的右手拄着5尺长的拐杖。

明天一早，另一群孩子将来接他去学校。

每天，孩子们披着第一缕阳光来迎接他；每天，孩子们披着最后一缕阳光和他道别。

夕阳的余晖泻在他的身上。他的很多头发，已经白了；他的额头，沟壑纵横；他的脸颊，有泪光闪烁。

"吱扭""吱扭"，那天天回荡在山村上空的轮椅声，是他生命中最美的歌谣。

（杨金国　寇金明）

也谈交朋友

人生离不开朋友。没有朋友的人生是有缺憾的人生。

在家靠父母；出门靠朋友。尤其你到了异地他乡，举目无亲，心理的压力精神的痛苦心情的焦躁往往会令你发出近似于"呼救"的声音：有个朋友多好！

结交朋友是珍贵的人生体验。但是，交朋友应有一条原则，那就是应交那些"双向思维"的人。当你欲求朋友时，首先，应该想到朋友的难处和朋友的苦衷，应该站在朋友的位置上设身处地地考虑问题，不要"一厢情愿"光考虑自己。若想到朋友确实有难处，你就得忍一忍莫开"尊口"了。让朋友去干那种违反原则犯错误的事儿就更不够朋友了，万万不可为之！

所以，"双向思维"的人在社会上的朋友会愈交愈多，路子会愈趋愈宽。而"单向思维"的人不能说没有朋友，开始可能还有几个，通过共事，慢慢会愈来愈少，最后他甚至成为孤家寡人，走进了人生的死胡同。作为一个社会人，当然是朋友愈多愈好。可鲁迅先生又曾说过，人生得一"知己"足矣！这话也无错，但对这话应有正确的理解。

朋友大多是阶段性的。与你终生相伴的"永恒"朋友不能说没有，但绝对是寥若晨星。人生从年龄上可分段，有人把它喻为"生命的链条"大概就是这个意思。此一时彼一时也。你倘能在每个阶段都有一两个"知己"的确足矣！

君子相交淡如水。我们不赞成那种"酒肉朋友"，更不赞成那种"拉帮结伙"的别有用心的恶劣行径。在一块吃吃喝喝吹吹捧捧，抑或骂骂咧咧发泄发泄，就是好朋友了？这未免太庸俗甚至亵渎了"朋友"这个词的高贵和圣洁了！

朋友间无话不谈真心相劝。既为朋友，就应有福同享有难同当，绝不能眼睁睁看着朋友陷于危难之中而袖手不管，更不能对朋友"落井下石"。视朋友的困难为自己的困难，急朋友之急，想朋友之想，为朋友实实在在办点事情；知恩定报，好上加好，朋友如同兄弟一般，手足之情成为你的精神支柱，对益寿延年亦大有好处的。

对朋友可以"掏心窝子"。人人都有这种体验，对父母妻小不可讲的话，对朋友却"但讲无妨"。高兴的事情可以说，痛苦的事情可以诉，想不开的事情解不开的结儿统统都可以向朋友讲，可以仰天大笑，亦可以痛哭流涕；可以畅谈人生之乐趣，亦可以发泄心中之愤懑；可以讲出自己的想法，亦可以道出那一点隐私……

朋友可以开阔你的思路，可以启迪你的智慧，可以拓宽你的想象，有时甚至还可以使你"茅塞顿开"！

一个朋友就是一笔财富。

对朋友自然要真诚要热情，应该激励他奋勇登攀，鼓舞他克难制胜；在他心堵烦闷时应多加抚慰，给他一束鲜花和一片温馨。爱败坏别人心绪的人你莫与他交朋友。这种人是"成事不足、败事有余"！一个朋友应该是一个加油站。

对于朋友人生顺境逆境的经验教训，你该从中汲取宝贵的东西，这等于他替你提前缴了"学费"。当然，朋友的成功也应有你一份功劳，朋友的失败也应有你一份责任。尤其是那些早已"盖棺论定"的已故之友，他们的一生都是一面镜子，永远照耀着你的有生之年啊。所以，我曾在一篇文章中说过，经常想想那些仙逝的朋友，你会更加清醒，更加豁达，更加友善；更加奋进，更加珍惜自己的生命。

没有朋友的人是悲哀的。一生没有一个"知己"的人是孤独和凄凉的。

可不可以这么说，朋友就是人世间的情爱，起码是一种爱的方式或一种爱的体现。让我们人生中多几个朋友，让我们生活中多几分友爱，而珍惜这种情谊无疑是人生的最高境界。

（桑　原）

要 "予人以乐"

所谓予人以乐，就是在人际交往中，自觉以善意的态度、友好的言行，着意营造和谐美好的交际氛围，让交际对象感到愉快欢乐，从而把交际活动引向深入。事实证明，予人以乐是聪明人的交际选择。心理学认为，人与人之间存在着互动、互惠的心理倾向。也就是说，你以什么样的言行态度对人，对方也会以同样的言行态度对你。如果我们懂得予人以乐，以友好言行待人处事，那么就会换取对方同样的情感回报。换言之，予人友好会赢得友好，予人以乐会收获欢乐。

然而，在现实生活中，有些人似乎忽略了这个问题。他们不管是在家庭中，还是在单位里，不是予人以乐，而是叫人厌烦。这些人从不考虑他人的情绪感受，往往我行我素，在有意无意之间，对他人使性子，拉脸子，挖苦讥讽，出言不逊，结果把交际气氛搞得十分紧张，甚至不欢而散。久而久之，他们自己也就成了不受欢迎的孤家寡人。这实在是可悲的事情。

看来，在人际交往中，提倡予人以乐并不是多余的。为此，起码要注意以下几点。

要看重良好人际关系的价值，以微笑面对生活

有些人不能予人以乐，并非有意而为，而是他们不懂得人际关系的重要性。这些人通常家庭环境较好，生活一帆风顺，没有遇到什么坎坷，于是便以为离开谁都可以过，所以较少考虑自己行为对于人际关系的影响，很少在如何为人处世的方法上动脑子。对于这些人来说，首先应从思想认识上解决问题。要懂得人与人之间是一种平等的相互依存的关系。一个人本领再大也不能离开其他人而生存。你需要朋友，朋友也需要你。人们正是在这种相互联系中生活，在相互帮助中发展。如果弄清了这一点，就会把建立良好人际关系当成一种追求，把友谊当成一笔可贵的财富，加倍珍惜它，把维护良好的人际关系看成是一种义务和责任，看成是人生的一大乐趣。这时，人们的思想必然变得豁达，境界变得高尚，在与人交往中，就能自觉把握自己的言行态度，以微笑面对生活，努力追求予人以乐的言行效果。

要多看看他人的优点和恩惠，以感激之心待人

能不能予人以乐，还与人们的思维方法有关。世上没有完人，每个人都有优点缺点、长处短处。如果我们看别人缺点问题多，盯住不放，就会产生厌恶之情，自己的言行必然流露出不满；假如我

们看人家的优点长处多，就会感到对方有一种吸引力，由衷地表现出亲近感，言行就会表现得和善而友好。所以，要端正思想，学会全面看人，尤其要多看看他人的长处、优点，多看看自己的差距、不足。对于同事、朋友、家人则应多想想对自己的好处、帮助或恩惠。事实上，不管是家人、朋友还是同事，大家在一起生活、工作，他人或多或少地都曾给过自己帮助，对自己都可能有过恩惠。我们多想想这种情分，感激之情就会油然而生，从内心觉得对方可敬可爱，自己的言行态度也就会变得友好和善起来。

当心情不佳时，要善于自我控制和调整

俗话说，不如意事八九。一旦遇到不顺心的事情，人们心情不好是正常的，但是切不可把这种不良情绪带到交际中去，更不要无端地把气撒在他人身上。要加强思想性格的修养，善于对坏心情进行自我约束和控制。从某种意义上说，能否对自己的情绪、心理进行自我控制和调整是一种交际能力。有一个经理过去脾气很坏，心气不顺时立即就会发泄出来，有时甚至拿下级出气，搞得人人自危，不敢接近他，有时本来很欢乐的场面，他一出现大家立即噤若寒蝉。后来，他意识到自己的问题，决心加强修养，努力克制自己的坏脾气，试着以微笑对人，这样一来，他在人们心目中也变得可爱了许多。有一次因生意失误，造成很大损失，他的心情不好，这时，正好有一个重要会议要出席。出发之前，他在办公室对着镜子足足呆

了10分钟，努力控制自己，恢复心理平静。当他出现在会场的时候，已是乌云散尽，满面春风，像什么事情也没发生似的。他的这种态度，使严肃的会场气氛立即活跃起来，大家畅所欲言，效果很好。显然，这个经理的做法是值得学习的。总之，在人生道路上，谁都难免遇到不顺心的事情，只要学会了自我控制，善于以得体的言行为人处世，我们就将成为一个受欢迎的人。

当然，我们说予人以乐，并不是不要严肃，并不是回避矛盾和问题，当遇到原则性问题时是需要严肃对待的，不过在一般交往中，我们的脸上还是多一些春风、少一些乌云的好。

（谷桂远）

我行善事得好报

　　因为多年前遇到的一件小事，我便一直相信行善是做人的本分，行善能使一个人在遇到意想不到的困难时，逢凶化吉。

　　那时，踌躇满志的我刚从单位"下海"，到外面跑运输。有一次，我送一帮人到某地去办事，目的地在云贵高原的崇山峻岭之中。到了以后，我开车和其他两个同志一起到山外的城里买菜。集市上的人很多，车也很拥挤，我便留下来守车，以防阻了别人的路。

　　没啥事的我，便在车旁东张西望地看起热闹来。突然，车后来了一个衣衫褴褛、拄着拐棍、端着破钵的银须老翁。我看到他时，他正在向一群小青年乞讨，可是，他什么也没有讨到，就被那群男女青年笑着轰走了。看见老人可怜巴巴的样子，就让我想起我那年迈的奶奶来，我便默默地绕到车后，轻轻掏出两元零钱给他。老人感激地抬起头看了看我，便连声感谢着走开了。

　　说来也巧，在返程途中翻越一座陡峭的山峰时，我突然看见自己的车轮跑到了车子前面。当时正在下坡，车速很快，而车子在失去了一个前轮的情况下已无法控制，它在倒向一边的同时迅速向前冲去。车上坐着的两个人吓得惊叫起来，可车子仍不理不睬地冲向山崖。没想到，在这千钧一发的危急关头，我们的车竟被路边的一个缺口挡住了。我稍稍偏头往车窗外一望，驾驶室外已是万丈深渊，我已无法打开车门走下去了，甚至只要我轻轻地动一动身体或重重地呼一口气，车子就有滚下山去的危险。我便禁不住从心底喊出了一声："感谢上帝！"当我们战战兢兢地从靠路的一边摸索下车的时候，这才发现，如果没有这个缺口的阻挡，那我们就已经驾驶着这辆小客车，过早地驶入无极的太空了。那个滚下山崖的轮子，我请了当地的一个山民，到山下去找了两天才找到，第三天才背上来。

是啊，一个小小的缺口，要在平时，它会是一个缺憾、一处危险、一个陷阱，也许一个小小的失误，就会导致惨重的损失。可如今，在寸草不生的大路边，它竟以障碍的力量拯救了我们。我不禁在想，是谁挖下的这缺口，是谁设下的这障碍呢？我和这缺口的相逢，一定是谁在冥冥中用过慈心、动过善念了。于是，我便想到了刚才那个老人，想到了我小心翼翼地递给他的那两元钱，想到了那一刻我那个小小的善念……

无论我们的获救与老人和那两元钱是否有关，多年来，我却一直固执地认为，那次是那个小小的善念救了我。也正是这件事，让我顿然看透了生死，并时时提醒和激发我从善，做一个平心静气、乐善好施、勤勤恳恳的劳动者。如果说我们能保住性命，是得益于那个小小的善念的话，我们为什么不感谢善念呢？为什么我们不去把那一点一滴的善，积累和扩大成博大无私的爱呢？那样，我们就能做到爱人、爱己、爱天地万物，善念一生并一生行善了。如是，我们的天空就将更加湛蓝，大海就将更加澄澈，山林就将更加碧绿，人间就将更加温暖和舒心。

（叶华荫）

我们还是朋友吗？

我和你，还是朋友吗？

已经很久不曾在MSN上聊过天，我不记得你是长期脱机，抑或你我都在线，只是彼此视而不见。

我偶尔逛你的博客，发现你还乡、升职，你是买了新房吧？有人在留言里恭喜你。我也想附和，手指在回车键上踌躇再三，还是算了。

你不曾哭倒在我怀里吗？我听过你电话里呜咽的哭腔，当时你在哪一条醉后的街？我听过你历任男友的名字——我保证绝口不提，并且迅速忘掉。现在的我，要从你博客泄露的点点滴滴，拼凑你人生的画面。而我从来不在博客里提亲眷私事出游，我自己封锁这条路径，那么，你只能对我一无所知了。

我们还是朋友吗？

一个朋友冷冷地说：当然不是。她的理由："我要看新闻，才知道范冰冰的情况。而范冰冰不知道我，我与她是朋友吗？"

我和你，早就不是朋友了。

　　我曾经在百度、谷歌上搜索你，我知道了你大学期间的学号——我无论如何也不能想象当时的你，稚气、傻气，带着一点点怯生生。是不是，如果我穿越过去，也只能"纵使相逢应不识"，你不懂得我的风霜，我也不明白你的青涩。你第一份工作的工号，你最近的论文名称，你正在申请某个国家的基金……

　　然后我就厌倦了。关我何事，你升官发财，分我吗？你家破人亡，遗嘱写给我吗？我默默的祝福你看不到；如果我有恨，如果我痛得撕心裂肺，你当然也不知道。不知者不罪，于是你的良心——如果你有，永远很安静，不曾蒙上罪的阴影。

　　而我，真的没想过，会在新闻上看到你的死亡。

　　已经事过境迁半个月，我莫名其妙、顺藤摸瓜看到新闻，你凌乱的、被火熏得漆黑的卧室，是你的另一处衣冠冢。邻居们形容你"身形高大"，他们不知道你的过往。火灾里，只有你和你的儿子相拥惊恐，你的丈夫呢？你孩子的父亲呢？我记起你曾经的苦笑，某一年你去朝拜一座什么庙，庙祝说你"旺夫相"，旺了他克了你？无由得知。

　　我没机会送你一程——我想吗？以何种身份？我的QQ好友们，不约而同在签名档挂上哀悼：这就是我们能够为你做的全部了。

　　我们与你，算朋友吗？算还是不算？我没法了解你的界定。

　　信息时代，曾经是句口号，现在变成事实。资讯排山倒海，网络、电视、纸媒……电话少，而短消息多。人与人的当面沟通，稀薄微弱到门铃一响，我能吓一跳。

而曾经，没有男友的你，也没有男友的我，突发奇想去逛动物园，非年非节，人不多，动物却径自优游自在。可不可以一时冲动，打个电话给你，带上你的娃，也带上我的娃，两家人热热闹闹：毯子、午餐、矿泉水……到最后，你与我，连说句话的空当都抽不出来。

我不祈求再回到唐朝或者宋代，我不指望朋友的约定仍然是菊下之盟，我不怀念那些友情绵长的日子——日子像错按了快进，我们被疾送到化纤世界：物质比人更恒定，人类灰飞烟灭，塑料袋还没降解。

你和我，消失在各自的视野里，但你的QQ号还在我的好友列表里，而且，因为上面的人实在太多太多太多了……我，认不出哪一个是你，所以，无法删除。

我只是问：我与你，还是朋友吗？

斯时斯世，怀旧并非美德；必须向前走的我们，要适应新时代的规则。但，让我给你打个电话吧；在MSN上看到对方，招呼一下——我会主动的。逢年过节，短消息成批转发，我会在前面加上你的名字，希望你也这么做。

只希望，有一天，当你问到自己这个问题，能不思量，大声地答：是。

（胡庆云）

你我都明白那些眼神的意义

　　裕华路。黄昏。川流不息的车和人。一个捡破烂的，蹬着辆三轮车，夹杂在其中。突然，一阵风吹来，一个易拉罐从他的车上掉下来，"咣啷啷"，在黄昏沸水一般的吵闹与喧嚣里，这声音，沉闷、落寞，又有些不合时宜。捡破烂的把车停了下来。很快，后面拥堵了的车辆的喇叭声、谩骂声，乱成一片。就在捡破烂的人犹豫着要不要下去捡这个易拉罐的时候，路旁一个中年人，一弯腰，一伸手，一道温柔的弧线轻轻划过——易拉罐便重新回到满车杂物的怀抱里。不过是一瞬间。之后，三轮车迅疾地离开，路上很快恢复了车水马龙。然而，就在三轮车淹没在车流中的一刹那，捡破烂的回过头来，极仓促而又极深情地看了那个中年人一眼。那一眼，是一颗感激的心在向这个特别的黄昏致敬。

　　"袜子，十元四双"——她待在夜市的一个角落里，有一声没一声地吆喝着。过往的人很多，却少有人光顾她的买卖。曾经，有几个人在她的摊前驻足，但都极挑剔，翻一翻，咂咂嘴，一转身，就又走了。她有些心凉。丈夫患脑血栓卧床后，不能上班了。她就在夜市上摆了这个小摊，想贴补家用。可两天了，没有卖出一双袜子。一个姑娘和一个小伙子在她摊前停下来。袜子，十块钱四双，你们要吗？她赶紧搭讪。四双？五双行吗？姑娘问。她咬牙。就在她要答应的时候，小伙子突然对姑娘说，你知足吧，前些天，同样的袜子，一个摊点才卖二双呢。说完，小伙子迅速掏出十元钱，递给了她，拿起她递来的四双袜子，诡秘地丢给她一个眼神，然后，一把拉着姑娘，走了。她紧攥着10元钱的手，有些抖。是的，姑娘也许不会明白，但她已经感受到，一颗仁爱的心，化成热流，温暖她的心。

广场上，一个三四岁的小女孩"哇哇"哭闹着。恰好，有三个中学生踩着滑板经过。他们跳下滑板，走到小女孩面前。其中的一个学生，不知道从什么地方，揭下一小块贴纸来。然后，蹲下来，抓起小女孩的手，说，别哭了，来，哥哥给你贴个小花纸。说罢，一块指甲肚大小的小花纸贴，炫着五彩的光，已在小女孩的手背上了。之后，三个学生很快又踩上滑板，呼啸着去了。小女孩还嘟着嘴，但分明已经止住了哭声。她抬起头，一直望着他们远去，在她澄澈而懵懂的泪眼里，三个大哥哥该是三位飞翔的天使吧。

冬日。暖阳。背风处。一对老夫妇被太阳晒得睡眼迷离。来，老头子，我给你掏耳朵。一头银发的老婆婆凑身过来，手里拿一把银质的耳勺。老头子也不回答，只把脑袋稍稍一侧，向前一倾，大大的耳朵，已全然在老婆婆的眼前了。老婆子，你慢点。老婆婆不说话，已经全身心地在那耳朵上了。也许是掏到了极兴处，只听得老头子轻轻地"哦"了一声，他睁开眼，乜斜着自己的老婆子——人生说不尽的舒爽，以及，道不完的幸福。

也想起若干年前，我在主席台上演讲。毫无预兆地，突然忘了词。面对黑压压的人群，脑子里一片空白。慌了心的我，当时只剩下一个念头，下去，逃下去！然而，就在这时候，我看到台下一个人，正看着我。他的眼神里，充满着信任、激励和期许，仿佛在说，没事，再等等，你会记起来的。那个给我鼓励的人，是我的老师。

（马　德）

拥有一颗快乐的心

人活着一方面要奉献，为社会为他人做点什么；一方面要善于享受快乐，充分体验生活着的美丽。

我们常常感到活得很累，为烦恼所困扰。其实，生活中并不都是不快，而是我们常常把烦恼看得过多过重，把一点儿烦恼和不快扩大得占据了心头的全部面积；把快乐看得过少过轻，甚至视而不见、有而不觉，在自己心头没了位置。这不能不说是一种自我折磨。

人都有这么一种体验：心情舒畅，喝一杯清茶，也觉得神清气爽，非常愉快；有时珍馐满桌，但一怀愁绪，毫无快乐可言。所以，我们说，快乐绝不是某些人的专利，而是人所共有的一种心态，一种精神的体验，任何人只要脱离了整天为吃穿犯愁的困境，生活中总是有着无限乐趣和蓬勃生机的。过得快乐不快乐，就看你是否善于发现生活的美好，是否有一颗快乐的心。

从小生长在贫寒农家的我，祖辈父辈都是荷一柄七尺之锄刨土觅食的农民，凭着一点秉赋和几分勤奋走出了盐碱地当了"孩子王"，仍然是两袖清风。从童年到现在的"知天命"之年，不曾有过富的感觉，今后也不太可能"发达"起来。但是，作为过来人，穷人之乐与均贫之道，我了然于胸。穷苦朋友，患难之交，相濡以沫，一个地瓜掰两瓣，一枝香烟折两截。曾于僻远的山区教书，在仅能遮风挡雨的矮屋内，一个草枕，一领破席，倒头便睡。为了看一场电影，早早地吃了晚饭，吆三喝五，翻山越岭，兴致勃勃。到了驻军大操场，寒风砭骨，瑟瑟发抖，大家挨挨挤挤，有说有笑，只看见银幕上的人影晃来晃去，并不在乎他们在做什么，就像他们不知道我们在做什么一样。"哄"地一声，电影放完了，大家各自散去，又何其快乐！虽说这都是当年的生活方式，现在忆及，也不觉有什么遗憾，倒让我们明白了一个道理：清贫，未必不快乐。古人早就说过："贫贱是苦事，能善处者自乐；富贵是乐境，不善处者更苦。"古往今来，多少贫且"贱"者，能淡泊自甘，安贫乐道，虽粗衣劣食，处山陬，居陋巷，仍不改其乐。人说"自得其乐"——快乐是自己体会的，正如烦恼多是自寻的一样。所以，古人们愿意寻找精神的自娱。"至乐无乐，至誉无誉"，庄子觉得"无为"是真正的快乐；"衡门之下，有琴有书，载弹载咏，爰得我娱"，陶潜欣赏的是幽居的"真意"；唐朝大诗人白居易在饮食起居上表现得处处知足，主张"无欲"则快乐。他曾写诗说："方言舍宅小，不过寝一室；何用鞍马多，不能骑两匹。"他自号"乐天"，可见他天天快乐。知足者，没有非分之想，所以不必仰人鼻息，看人脸色，用不着摧眉折腰，溜须拍马，活得轻松洒脱，活得有滋有味，活得如闲云野鹤之怡然自得，活出一种悠然的乐趣。

自然，市场经济时代已经容不得那么多的诗情画意、天真温情。过去的士大夫们可以辞官回家赏菊花，今天，哪里有一片田地供他去种好看不赚钱的菊花呢？广告上的美酒倒是不少，可是若没有"阿堵物"，恐怕也是难得"把酒话桑麻"的。人们的快乐只能或不得不体现在用金钱买来的那点儿"快乐"上了。唐伯虎若在今朝想"不使人间造孽钱"，恐怕是不可能的，想要"闲时写幅青山卖"，也少不得要先付给画商们一笔代理费吧？

话虽是这么说，还是不能把快乐系在金钱上。相传有一个富商，生意做得很大，每日操心、算计，多有烦恼。挨着他家的高墙外面，住了一户很穷的人家，夫妻俩以做豆腐为生，却有说有笑，快快活活。富商太太说："我们还不如隔壁卖豆腐的两口子，他们尽管穷，却活得很快乐。"富商听了，便说："这有什么难，我叫他们明天就笑不出来。"于是他拿了一锭十两重的金元宝，从墙上扔了过去。那两夫妻发现地上不明不白地放着一个金元宝，心情立刻大变。第二天，夫妻俩商议，发财了，不想再磨豆腐了，干点什么好呢？一下子发财了，又担心被人家误认为是偷来的。如此商量了三天三夜，还是找不到最好的办法，觉也睡不安稳，当然也就听不到他们的欢笑和歌唱声了。富商对他太太说："你看，他们不说笑、不唱歌了吧？办法就这么简单。"这故事也说明了一个道理：快乐，不能用金钱来衡量。富贵者，未必快乐。不少富且贵者，争权夺利，互相倾轧，既布设陷阱机关算尽害人，又忧讥畏谗处处防人害己，成年累月心劳力拙，神经紧张，虽锦衣玉食，金银满箱，也得不到多少快乐。

有人说诗人作家最快乐，不见得！杰出的诗人拜伦一生中只有三个快乐的时候。因此说，快乐，也不能用成就与否来衡量。成功者的内心或许是孤独的，而村野大树下那个穿破布褂的老叟倒可能是快乐的。设若我们总以为自己有更重要的事情要做，为文凭而读书，为做官而媚笑，为身份而沉默，为开会而喝茶，为拉关系而串门，为谈恋爱而看戏，为流行而穿着，等等。当我们一切行为都成为一种手段时，我们还有什么快乐可言？

趋乐避苦，趋利避害，是人之本性。人活着不是只为了承受沉重，而是要走出沉重收获轻松。不善于享受快乐的人生，是一次不成功的旅行，是一种不完善的人生。享受快乐，会感到活着是一种美好。因而，追求快乐，亦在情理之中。但为了得到快乐而蝇营狗苟，身陷名缰利锁，却难免误入歧途，真像俗语所谓"出得虎穴又入狼窝"。人生快乐的时刻是人的全身心感到舒展解放的时刻。应该问问，自己追求什么样的快乐，那"快乐"是不是真快乐。有人看到安逸之乐，却不知艰苦劳动中人的身心充实之乐；有人看到索取之乐，却不知奉献过程中人的价值实现的崇高之乐；有人追逐感官刺激，认为那是快乐，到头来却不免感到空虚。精神充实之乐，比沉湎于感官享受的肉体之乐更持久，也更高尚。所以，韩愈说："与其有乐于身，孰若无忧于心。"

花花世界，人生的诱惑太多，若在这些诱惑面前辨不清它到底意味什么，只是盲目地追逐潮流，像被狠抽了一鞭子的陀螺，身不由己地为名利权位不停地旋转，为锦衣玉食不停地追求，等一阵喧腾之后，就会发现情感已被销蚀的千疮百孔，连自己原本拥有的快乐也给丢掉了。正如一首旧民歌所描述的那样："终日奔忙为了饥，才得饱食又思衣。冬穿绫罗夏穿纱，堂前缺少美貌妻。娶下三妻并四妾，又怕无官受人欺。三品四品嫌官小，又想面南做皇帝。一朝登了金銮殿，却慕神仙下象棋。洞宾与他把棋下，更问哪有上天梯？若非此人大限到，上到九天还嫌低！"这种人得陇望蜀，贪得无厌，欲壑难平，必定一天到晚心如汤煮，怎么能感到快乐呢？

人生在世，谁都希望生活得快快乐乐，而不是"凄凄惨惨戚戚"。只要理解了快乐的真谛，就有了寻找快乐的"秘方"。快乐是什么？快乐是淡泊的纯美心灵、高雅的文化素养和奔放的生命热情共同浇灌出来的美丽花朵，只要你懂得享受生活的自然乐趣，把日子过得简单一点，从容一点，淡泊一点，直率一点，你的生活就可能增添更多的温馨、更多的色彩，你也便会有着许许多多的快乐。世间之事，境况不同，怎样对待，拥有何种心境，可谓大异其趣。"千山鸟飞绝，万径人踪灭。"天气如此寒冷，然而，"孤舟蓑笠翁"却去"独钓寒江雪"。这位老渔翁乐观豁达之豪情与心境让人好羡慕。敞开胸怀，心境更好，你就会感到彩霞为我凌空，月亮为我放光，鲜花为我开放，群山为我起舞，鸟儿为我歌唱。独坐窗前，看那绵绵阴雨，也是美妙可心，别有一番情趣。此种处处、事事、时时可乐的心境，只有远离功名，宁静淡泊之人才能享受得到。

总而言之，天无绝人快乐之路，只要你淡泊、平和，只要你豁达、乐观，善于从不完善中去发现生活的美好，放眼四周，尽是良辰美景，赏心乐事，就自然拥有永远的快乐。

（牟瑞彬）

吻 痕

　　我常去公园散步。在那里，我遇见过雨伞节、龟壳花和大蜈蚣，但都相安无事。那么我手臂上的"吻痕"，究竟是谁留下的呢？

　　是隐翅虫，它是一种小型昆虫，长度约0.5公分。它的毒，是由虫体内所含的隐翅虫素造成的，当虫体被打死或捻碎时，毒液就会大量溅出，灼伤肌肤，形成红斑。

　　而雨伞节和龟壳花，被咬到会致命；大蜈蚣虽然不致命，但被它咬到，也肿痛不已。那为何我可以和这三种剧毒的爬虫和平共存，却栽在一只小小的隐翅虫身上呢？关键在于"尊重"。隐翅虫，只要你不去侵犯它，它就不攻击你。日常生活中也是如此，往往就是因为彼此不懂得尊重，而产生了许多不必要的争执与伤害。

　　拿起鲜花送给别人，首先闻到花香的是自己，接着又看到别人的微笑；抓起泥巴抛向别人，首先弄脏的是自己，进而互抛，看到的是怒容。只要我们愿意时时播下尊重的种子，微笑的花朵必然布满周遭。

（陶诗秀）

手心手背红指甲

　　她一向不喜欢涂指甲油。但有天下班后，女儿竟然举着一双小手，要她帮忙把指甲涂上红颜色，她感到很震惊。

　　才这么小的孩子，为什么要涂红指甲？她追问女儿，女儿却一撇嘴，转身进了自己的房间。她想，有机会再好好教育教育她。不料第二天，女儿不知道从哪儿弄来了一瓶指甲油，正自个儿把那鲜红的东西往手指上涂。

　　她忍不住继续追问女儿。女儿却说这是一个秘密，要等第二天上完课以后再告诉她。

　　她不放心，第二天中午去了学校。女儿的老师听完她的疑问后，说，要不你下午留在监控室，看看上课的情况吧。她同意了。

　　开始上课后，她发现女儿有点儿心不在焉。但当老师宣布自由分组讨论时，她明显兴奋起来。她和两个女孩、一个男孩迅速结成了一组。

　　每组都要用猜手心手背的方式选一个代表上台发言。女儿这一组，上去的是那个男生。尽管监控室的录音效果不大好，她还是听出了个大概。

"大家好，我是第九组的李小志。今天我来代表本组发言……"那男孩在台上停了一会儿，接着说，"其实，我的故事并不是讲得最好的，但他们都一致选我出来。后来我知道这是她们故意的。我前几天写了一篇作文，写妈妈的手有很漂亮的红指甲。今天选我的时候，她们全都伸出了手背，这时我才发现，她们的指甲上全部涂上了漂亮的红颜色……"

她隐隐约约感到了什么。下课后，老师告诉她，那男孩的妈妈几个月前因病突然去世了。这时，她才明白了一切。她悄悄地离开了学校，没有让女儿知道。

晚上回到家，她装做什么事也没有发生。当女儿主动向她讲述时，她似乎看到了那个孩子含泪的双眼。她不知道女儿这么做是否合适，但她的心里始终涌动着一股暖流。在帮着女儿擦去红红的指甲油时，她问女儿："如果那会儿他伸出来的也是手背呢？"

"那有什么，我们早商量好了，反正我们三个每次都只伸手背，直到他一个人伸出手心为止。"

她不再问什么，坐在那儿静静地看着女儿。她感觉女儿正在一点点长大，心灵渐渐变得五颜六色、丰富多彩。

（陈　宇）

迟了也好

鲁迅当年在书桌上深深地刻下一个"早"字。

这个字看着也觉得奋发舒展有硬气，而相对的"迟"字，念在嘴里就显得吃力些，再看也觉得慵懒沮丧而无为。人们爱早不爱晚，"迟"字不会被当作座右铭。

但我对这个"迟"还是有好感的。在这个什么都要讲究神速的时代，我甚至宁愿自己迟缓一些，与灵魂同行，从容地移步换景，将美尽收眼底。

我不愿再说"迟"的丑话和坏话了，我愿意多想想它的美、它的好。

我的好友乔，是个另类的妈妈。她对女儿的要求竟然是"迟一些，再到校"，虽然她骑摩托车带女儿风驰电掣，但女儿却常常是最后一个到校，正好赶到上课铃响。她不急，女儿也不慌，老师自然没有办法。原来，她是医生，知晓睡眠充足对一个孩子至关重要，因此她让女儿养成早睡、午休和深睡眠的习惯，绝不把分数和名次放到孩子的健康之上。面对严厉的老师，她做了女儿"以迟为好"

的坚强盾牌。

这样的"迟"是不是证明乔更懂得爱呢？而且，还爱得那么科学，那么长远。因为睡得好，乔的女儿比班级里的任何孩子都显得好看而有精神，学习成绩也理想，不由得叫人赞叹服气。

早早地来帮助你，早早地来庆贺你，早早地来祝福你，这样的朋友当然是对你好的，而那些迟来的朋友同样是有情有义的。

有几年，我春风得意，事业上顺风顺水，也敢道一声"千金散尽还复来"。人生的道路上铺满了鲜花，喝彩声不断，来自不同地方的朋友也多起来。他们都争先恐后地与我交好，给我掌声、赞美声，甚至说了很多过头的好话、软话。而那个叫博的朋友竟一退再退，始终不愿来凑热闹，在自己困难时也不肯请求我的帮助，最后到远在千里之外的城市打工，日子仍然过得辛苦。我有些气他，联络越来越少，直到他杳无音讯。

后来，峰回路转，我的人生换了风景，事业一蹶不振，最后竟借钱度日，真可谓"凄凄惨惨戚戚"，甚至在生病时都少有朋友前来看望。在我悲叹世事相隔、人情异化的时候，博坐火车、搭便车风尘仆仆地赶过来。他握住我消瘦下来的手臂，未语泪先流，然后说："我来迟了，原谅我！"

博真的"迟"了吗？如此"迟"来的知己，是多么值得欣喜呀。笑到最后的人才真正懂得人生，"迟"到最后的人原来自始至终都是自己的知己。

姗姗来迟，"迟"有时候是优雅的；春日迟迟，"迟"有时候是蕴藉的；"迟"有时候又是美的。刘墉说："什么是迟？迟实在只是慢，慢慢的春天和少女的脚步是美的……"还有"人间四月芳菲尽，山寺桃花始盛开"，这样"迟"的盛开，不但是美的，而且还让人不禁惊喜，难道你会抱怨这样绝美的奇迹吗？

对于贪早躁急的人，迟是迟了，可是毕竟来了，也许还来得正好，在你无望的时候竟真的来了，来得多么地让人悲喜交集，来得好得不能再好了。因此，不抱怨，如同我们不会抱怨迟来的爱。这样的爱同样惊心动魄、同样坚强绵远，而且有种地老天荒的美好。

杜拉斯在《情人》的开篇即写到一个男人，他向"我"说道："我认识你，永远记得你。那时候，你还很年轻，人人都说你美。现在，我是特地来告诉你，对我来说，我觉得现在你比年轻的时候更美。那时你是年轻的女人，与你那时的面貌相比，我更爱你现在备受摧残的面容。"

这种迟来的爱，沧桑深情得让我潸然泪下。百回千转仍要爱，深不见底只见你。啊，秋日薄凉，一转身竟又遇到你的温热，原谅我没有在风华绝代的时候接受你，迟了的爱原来就是死了也要爱。

忽然想起叶芝的情诗《当你老了》，他和杜拉斯写得多么相似啊：多少人会爱你欢乐美好的时光，爱你的美貌，用或真或假的爱情，但有一个人爱你那朝圣者的灵魂，也爱你那衰老了的脸上的哀伤……

一个说：迟了，迟了，太迟了！可是另一个说：迟了也要爱，老了也要爱，死了也要爱！谁能够用这样的"迟"来表达爱，还表达得这么美，这么好，好得不想去看那美艳艳、亮闪闪的天日。

（草上飞鸿）

梦里不知笛声远

　　那支遗落在童年高地上的柳笛，不知何时又被我在梦中拾起了。那散发着树脂清香的柔软的柳笛，一经贴近我深情的唇际，就发出了清亮如水的乐音。只是那轻飘飘的音调，不是在绿树成荫的村头流淌，而是在我异乡孤寂的梦里歌唱。醒来抚了抚潮湿的唇畔，宛若还有余音袅袅。一丝甜意和一丝迷惘，在沧桑的心宇里搅拌成更为深远的疼痛，毕竟我早已不再是横吹柳笛的那个乡村少年了。

　　是天空澄明、大地复苏的早春吧，家乡的孩子三五成群地聚集在村路上，村路的两侧是刚刚伸出嫩芽的一棵棵柳树。那新鲜的鹅黄的嫩芽，该是长梦醒来柳树眼睛的睫毛吧？只那么忽闪忽闪了几下，花红柳绿的春天就已然到来了。那是无边的生机和温暖。家乡的孩子们猴子般爬到柳树上，折下一枝又一枝柔软碧绿的枝条，只那么用小手搓了几下，表层的树皮就松软了，然后抽出里面雪白的树骨，用小刀将脱下的树皮截成段状（当然可长可短），这样，一根像样的柳笛就成了。短笛发出的声音清脆悦耳，长笛发出的声音舒缓缠绵，但吹起来颇费力气。所以家乡的孩子多吹短笛，那音儿短促而清亮，像春天的小河在大地上潺潺流淌。

那应该是40年前的春天吧，尽管整座村庄被贫困和饥饿簇拥着，但家乡的孩子们还是从昏暗的土屋里纷纷走了出来，他们走向春天，走向春天的明媚与温暖。他们天真无邪的目光落在了一身绿妆的柳树上，他们菜青色的小脸泛出了灿烂的笑容，他们鼓着腮帮子用力地吹呀吹，让小小的心灵和这博大慈爱的春天一起律动，一块歌唱。

那应该是少年不知愁滋味吧，在贫困、苦难的乡村的怀抱，孩子们还是找到了种种生命的乐趣。比如横吹柳笛，那颤颤的清脆的音调，应该是崭新生命的一种喧响吧，向着大地，向着蓝天，向着无尽的绿，放牧着内心焦灼的渴望与梦想。一支柳笛就是一个瑰丽的梦想，一片绿就是一片闪光的希望。孤寂而单调的家乡的孩子们，就这样其乐无穷地行走在春天颤动的眉梢上。

许多年过去了，那个横吹柳笛的少年，早已远离了家乡的天空和田野。那个曾经的乡村少年就是我，我站立在风起云涌的中年高地，但那声声彩色的柳笛，却可以穿越厚重的时空，温情地覆盖着我所有甜蜜的梦境，让我重返家乡的村口，和孩子们一块欣喜若狂地咏叹春天。

可是我为什么不是村路旁一棵柳树呢？那样我就可以站在所有早春的土地上，给那一双双明亮的眼睛和一颗颗稚嫩的心灵，带去小小的满足和欢乐。我不是，我只是遗落了柳笛漂泊四方的人。

今夜，我还可以从容地拾起梦中的那支柳笛吗？含着泪，含着笑，吹响一段真正的朴实无华的乡村乐章。

（西　风）

爱你不过一尺的深度

你真的爱我吗？你爱我到底有多深——这似乎成了情侣之间求证与被求证的主题。

曾经在某大学作过一个调查：爱要怎样才能证明？回答千奇百怪各有不同，却殊途同归一个感念：浪漫、燃烧、奔放，且穷尽奢华。

爱，必须要浓烈与奢侈吗？那种淡泊如水和风般轻盈的爱算不算爱？

李秋君，一个画白莲、如白莲般出尘的娇娘；张大千，一个画水仙、如水仙般清雅的儒生。两人因画而缘，灵犀相通，可谓天生绝配。然而，当李秋君豪爽的父亲将她许配给他时，他惶恐不安，"扑通"一声跪倒在地。他说，我已经有妻有子，不能委屈了秋君。而当时，男人三妻四妾是正常的事，多一个秋君，无非是多一段佳话而已。

与其说是拒绝，不如说是对深爱的一种敬畏。他选了她名字中的"秋"字，为她刻了一枚方印——"秋迟"——"恨不相逢未娶时，正是清秋时候"。他认定了纳妾秋君，只会辱没了她，辱没了爱。一如笔下那株空灵圣洁的水仙，浓墨浅彩间，均是心中柔软疼惜的圣爱，容不得一丝一毫的亵渎。秋君在他的心中，是近乎完美的"凌波仙子"，他不敢越雷池一步，更没有勇气与她一起融入生活的调色板，只能是纯粹地仰慕，退却地呵护。张大千去世后，书画界在整理他的遗世名画时，惊奇地发现，在数不清的书画中，唯有他那张惊世巨幅山水画《苍莽幽翠图》上钤有"秋迟"之印。苍茫人生，风过无迹，真正难忘的，仍是心中那抹深情的"幽翠"。

20世纪40年代的上海滩，当冯亦代见到电影《甜姐儿》中的演员黄宗英时，便惊为天人，爱慕有加，欲罢不能。可当时她的身边，已经有红透半边天的才俊赵丹。

就让这份爱藏在心中吧，冯亦代说，才子配佳人，爱她的人比我好，她应该有更好的人来照顾她。就这样默默地爱着，不觉间48年的烟云风一样飘过。这时他已经80岁了，而她也已年近古稀，赵丹那时已经过世。终于在1993年，他娶了她。

你一定不会相信，两个已到暮年的老人竟然如初恋情人般炙热缠绵。两人互传情书，他忘不了她饰演"甜姐儿"时那甜甜的笑，便称呼她"笑妹妹"。她一脸幸福，回应道："爱哥哥。"

两人共同生活了12年，冯亦代撒手人寰。令人惊叹的是，两人的情书加在一起，竟然有50余万字。他走了之后，她收到了他最后的情书："因为有你，我将笑着迎接黑的美。"

亦舒曾经说过，爱就好比花香，愈是浓烈消退得便愈快。当人生如风般迅疾而过，在那些谁也无法预料的时光里，岁月会像一把梳子，将我们的爱恨情仇一一梳理，而最后留下的，总是那些平凡绵长、稳实简单的情感，这，才是隽永纯粹的爱。

那么爱一个人多少才算深？其实它无从丈量，快乐、宽容、理解、责任……这都是爱的深海里那些脉络清晰的刻度尺。假若你一定要一个尺度，那么，我告诉你：从见到他的那双眼睛开始，到你把他放在了柔软的心里，这个温暖的距离，不过一尺。

（水　唇）

谁播种温暖谁就能收获成功

　　很多年以前，在一个暴风雨之夜，有一对老年夫妇来到一家旅馆大厅的柜台前订房。"很抱歉"，柜台里的服务员回答说："我们饭店已经被参加会议的团体包下了。往常碰到这种情况我们都会把客人介绍到另一家旅馆，可是这次很不凑巧，据我所知，其他的饭店和旅馆也因这次会议而客满了。"见这对老夫妇犹豫着不知如何是好，这位服务员接着说："在这样一个晚上，我实在不敢想象你们离开这里却又无处投宿的情景。如果你们不嫌弃，可以在我的宿舍住一个晚上，虽然不是什么豪华套房，却十分干净。我今晚就待在这里加班。"这对老夫妇因为给服务员带来了不便而很不好意思，但最终还是谦和有礼地接受了服务员的好意。第二天早上，当老先生下来付住宿费的时候，这位服务员婉拒说："我的房间是免费借给你们住的，我已赚取了额外的加班费，已经得到补偿了。"老先生说："像你这样的员工，是每个旅馆老板梦寐以求的，也许有一天我会为你盖一座旅馆。"年轻的服务员听完笑了笑，他明白老夫妇的好心，但他只是把它当成一句玩笑话。

又过了几年，那个柜台的服务员仍在那家旅馆上班。有一天他突然收到那位老先生的来信，信中清楚地叙述了当年那个暴风骤雨之夜的回忆。老先生邀请柜台服务员到纽约去一趟，并附了一张往返机票。几天以后，这位服务员来到了曼哈顿，在曼哈顿第五大道和三十四街之间的一幢豪华建筑物前见到了那位老先生。老先生指着眼前的大楼说："这就是我专门为你建造的饭店。我以前曾经向你讲过，你还记得吗？"老先生看出服务员不敢相信，接着解释说："我叫威廉·渥道夫·爱斯特，我认为你是经营这家饭店的最佳人选。"这家饭店就是著名的渥道夫·爱斯特莉亚饭店的前身，而这个年轻人就是乔治·伯特，他荣幸地成为这家饭店的第一任经理。

吉林有个叫邓平的人，他在一个农贸市场里开了个鱼档，他为人忠厚、和蔼、热心，和那些"买卖精"完全不一样。去年6月10日，一位老大娘在市场滑倒摔伤了，躺在地上很久也没能起来。来往的顾客和附近的摊主，竟然没有一个人上前把她扶起来。邓平听说以后连忙放下自己的生意，从远处自己的摊档赶过来，背起老大娘到了医院。经检查老大娘被摔成骨折，邓平掏钱替大娘交了住院费。当老人的女儿赶到医院，得知事情的经过后非常感动，除还回邓平的花费外，还要给他50元误工费。邓平说什么也不要。一个月后大娘出院，在儿子、媳妇和女儿陪伴下，放着鞭炮、提着烟酒来到邓平的摊位前。大娘的二儿子一见邓平是个卖农副产品的，当即拿出10万元要邓平帮他进货。原来大娘的二儿子在深圳开着两家大餐馆和一个电子工厂。这以后邓平收购鸡、鸭、鱼等农副产品，每月跑两趟深圳，别的摊主虽然都比他"精明""老道"，但都没有邓平发展得快。后来大娘的二儿子又无偿提供巨资，帮邓平创办了一家贸易公司，邓平的事业就这样真的大了起来。

世上没有一个人不想成功，不想拥有财富。为了达到这个目的，人们可谓费尽心机，想出了各种招数。但从上述两个例子我们却可以得出这样的结论：谁采用播种温暖的方法，谁就是商战中的大手笔，谁就是大聪明人、大赢家——虽然这样的结论可能是对上述两个例子中的主人公的一种情感上的亵渎。

（朱荣璋）

天下大事必做于细

有许多事情，做起来并不需要费很大的力气，也不需要特别的本事，只要认真去做，一丝不苟，就能产生巨大的效益，甚至改变一个人生活的轨迹，带来光明灿烂的前程。

在美国标准石油公司，有一个名叫阿基勃特的小职员，开始并没有引起人们特别的注意。阿基勃特敬业精神特别强，时时处处注意维护和宣传企业的声誉。在远行住旅馆时，总不忘在自己签名的下方，写上"每桶4美元的标准石油"的字样，在给亲友或相识的人写信，甚至在打收据时也从不例外，签了名后，就一定要写上那几个字。为此，他被同事们叫做"每桶4美元"，而他的真名反倒很少有人叫了。这事被公司董事长洛克菲勒知道了，他感到非同小可："竟有职员如此努力宣扬公司的声誉，我要见见他。"于是，他邀请阿基勃特共进晚餐，对其所做所为充分肯定，大加赞扬，并号召公司职员学习他这种精神。后来，洛克菲勒卸任，阿基勃特成了标准石油公司第二任董事长，人们对他刮目相看。

法国银行大王恰科年轻时，到一家有名的银行找董事长，希望能被雇用。然而一见面，就被董事拒绝了。这已经是第52次了。当他失魂落魄地走出银行时，看见银行大门前的地面上有一根大头针，便弯腰把针拾起来，以免它伤人。出乎意料的是，第二天银行的录用通知书来了，叫恰科立即上班。原来，就在他弯腰拾大头针的时候，被董事长看见了。董事长认为如此精细小心的人，很适合当银行的职员，于是改变主意决定雇用他。这就使得恰科平步青云，终于在法国银行界有了功成名就的一天。

在签名的下方写上"每桶4美元"，弯腰拾起地面上的一根大头针，需要多少知识？需要多高的能力？这样的举手之劳谁不能？然而在许多人看来，这一类小事太不起眼，太微不足道了，因而不屑于做、不愿意做。有的人甚至还会嘲笑阿基勃特和恰科，认为他们太"小家子气"，缺乏"雄心壮志"。这些人中间，其知识、才华、能力远在阿基勃特和恰科之上者不计其数，但在事业上却庸庸碌碌，没法与当了标准石油公司董事长的阿基勃特和成为法国银行大王的恰科相比。在众多的人中间，只有阿基勃特和恰科有这么一种严肃认真的态度和一丝不苟的作风，认认真真去做那些人人都能做到但却不愿做的"小事"，且乐此不疲，心甘情愿。这同他们后来事业上的成功有着必然的联系。也许，阿基勃特当初在签名下方写上"每桶4美元"时，并没有想到会当上公司董事长，同样，恰科当初弯腰拾起银行门前地面上的那根大头针时，也未必会想到能成为银行大王，甚至连银行会雇用他也没有想到，只是出于一种责任感，认为应该认真做好这类"小事"。正是这种认真、细心的作风，奠定了他们事业成功的基础。其中的道理说起来也十分简单：大事业和小事情有着十分密切的联系，任何大事业总是由一件件小事串成的，不严肃认真做好每一件小事情，所谓大事业就是一句空话。古人说过："天下难事必作于易，天下大事必作于细。"于平凡中见伟大，于细微处见精神。认真细心做好每一件小事，是成就任何事业都必须具备的素质和作风。生活中有些人眼高手低，志大才疏，整天想着做大事，想着轰轰烈烈，出人头地，却不愿做眼前那些小事，结果是小事不愿做，大事做不来，只能碌碌无为，一事无成。一分辛劳，一分收获。种瓜者得瓜，种豆者得豆，种蒺藜者得蒺藜。"千里之行，始于足下，九层之台，起于垒土。"与其在那里高谈阔论，面对虚无飘渺的"大事"悲伤叹息，不如面对现实，从点滴做起，认真地做好眼前的"小事"，"勿以善小而不为"，并且坚持不懈，乐此不疲。通过一件件小事磨炼意志，锤炼人生，胜利和成功就会向我们招手。

（赵化南）

小事不妨糊涂些

　　有一个伟人说过：大事要精明，小事要糊涂。对于我们凡人而言，需精明的大事，想来不会太多；而漫布我们周围，令我欢喜令我忧之事，大多皆属要糊涂的小事。

　　我们邻村曾发生一起斗殴事件，起因是两家小孩子在一起玩耍，一个惹哭了另一个。哭的孩子的家长找另一个孩子的家长，另一个家长嫌其多事，先争辩后发怒，终于大打出手，酿成人命大案。一件本无须大动干戈的小事，由于互不相让而酿成一场灾难：一在斗殴中身死，一被国家法律严惩。悲剧的发生，令人深思慨叹：两条生命的丧失，仅因本该糊涂的小事，实在不值！

　　我们生活在世间，烦恼已多，而大多数烦恼皆因自寻自找，因为我们许多人缺乏凡事"退一步"想的大度。如果我们能想得开通一些，在一些小利益、小伤害中能多一些宽阔的胸怀，就会避免许多意想不到的麻烦。没评上先进，可以想，我不必打破了头去争，只要干好自己的事就行了，再说我干的什么样有群众看着呢；被别人奚落，可以想，你奚落我而我不在意，你虽得意却从此养成坏毛病，说不定什么时候要翻车碰壁；无多余金钱出入于酒楼歌厅，可以想，我不会因奢侈而养成不良习惯……这虽然有些"阿Q"，但仔细想来，在生活中，多些阿Q精神，凡事退一步想，小事糊涂些，不是可以免祸消灾吗？上面所举因小孩纠纷而致两人毙命的事，假如其中有一个人多些阿Q精神，不也可以相安无事吗？

所以说，是非多为强出头。强出头，就是凡事皆要以自己取胜为目的，然而，匹夫之胜，不如智者之败；强者、智者"退一步"，其大智大勇却含其中。

大家都知道廉颇蔺相如的故事。蔺相如以口舌之功，位居有野战攻城之大功的廉颇之右。廉颇心里老大不高兴，时时想找蔺相如的茬以羞辱他。然而，蔺相如却采用"退一步"的策略，不与廉颇发生正面冲突，他是能避开就避开，能不见面就尽量不见面。廉颇要是上朝面君，蔺相如便称病在家。一次蔺相如的车与廉颇的车相遇，蔺相如便叫人"引车避匿"，以至门人皆认为蔺相如太不争面子。这时，蔺相如说：我在秦国，面对虎狼之秦的君主，都毫无惧色，难道我真的惧怕廉颇吗？我之所以如此，是因为廉颇和我是我们赵国的柱石，秦国不敢攻打我们，就因为我和廉颇在！如果我俩针锋相对，必然会像两虎相斗，最终我俩不会共存。因此，我不因廉将军对我不敬的个人私怨而影响国家大事。后来，廉颇知道了这件事，便觉得蔺相如有如此之气度，真是了不起，他自愧弗如，于是便肉袒负荆去请罪。之后，他俩便成为"刎颈之交"。廉蔺之争，之所以流传至今，是因为人们非常敬仰蔺相如的高风亮节。

细想，蔺相如之举，正因为他能"忍一忍""退一步"。表面看来这好像是一种软弱退让；而实质上，这又何尝不是一种进取和刚强；深层看，也是一种大智大勇。

试想，如果当年的张良在圯下，如不退一步想：一个老人，何必与他计较，便不会去桥下拾履，也不会在相约之时赴会而遭受斥责却不发火。如果他对老人不予理睬甚而大光其火，想必便不会受到这个老人的指点而成为一代名相。如果韩信在被无赖羞辱之时，不是退一步想，便定然不会从其胯下钻过，而遭人耻笑；倘若当时大打出手，以韩信的单薄之身，定然不是无赖壮汉的对手，虽能取得一时不受辱之誉，但如果被其打死，就不会在历史上出现"多多益善"的三军统帅了。

可见，退一步真的可以海阔天空。因而，我们在生活中，面对需糊涂的小事，不要太计较，郑板桥名言"难得糊涂"，实际上就是指凡事不可较劲较真，虽然其意又远远比这一点更宽广。

说到这里，我想起我经历的一件事。我家的玉米地挨邻居的一畦，只有秆而无玉米。问了邻居，邻居说不知所去，而我的家人却从不同品种上看出邻居玉米塔上有我家的品种，便要前去论理。我见状，觉得似不必，便阻挡住没让去。我想，如果家人再去问，无疑指斥邻居是贼；而邻居如果真的收了我家的玉米，想必是误收，绝非有意。再退一步想，邻居如果发现这一事实，你愈不揭发，他愈心不安，我们虽少收了一点儿玉米，却从心理上占了上风；他家虽多收了一点儿玉米，心里却总难踏实。后来邻居在将玉米剥完垒塔时发现了有大量的我家的玉米，十分难为情地说明了情况，将我家的玉米如数退还。两家并未因误收玉米而影响关系。

如果说，我的做法还有可取之处的话，我想皆因为我信奉一条真理：退一步海阔天空。而这一真理另一表达方式就是：小事不妨糊涂些。

明白了这一点，那么，你就会发现人生十分美好，你的每一天，都将会是朗朗晴空，万里无云。

（田永明）